重新編集地方

影山裕樹◎編著
林詠純◎譯

幅允孝、多田智美、原田祐馬、原田一博、成田希、小松理虔、山崎亮◎著

前言

上一本著作《進擊的日本地方刊物》於二〇一六年發行（中文版於二〇一八年發行）之後，讓我除了接觸根植於地方的印刷公司、地方出版社、地方政府、文化設施、NPO（非營利組織）等中介團體之外，也有更多機會認識各式各樣的人。「地方媒體」竟然如此受到矚目，老實說讓我感到驚訝。

同時我也開始了解到，每個人對於地方媒體都有不同的看法。就算想要創辦的都是平面媒體或網路媒體等容易理解的媒體，大家期望達到的成果與目標（譬如想要帶來營收，還是想要解決地方的課題）也相當分歧。話說回來，媒體本身的概念也過於發散。

可以確定的是，現代的大眾媒體逐漸式微，傳播地方的資訊開始產生價值。那麼，怎麼樣才算是現代的地方媒體呢？該把目標擺在哪裡，又該如何創造出適合各個地方的媒體呢？本書收錄的內容，就是這些方法的「實踐篇」。

首先，製作地方媒體需要的技巧與觀念，與過去製作大眾媒體或商業出版品不同。現代已經不是透過出版經銷商或大型網路書店的通路，將書籍平均鋪貨到全國就必定能有許多人閱讀的時代；也不是透過無線電波將電視節目的訊號發送到全國，就同時會有許多人觀看的時代。

所以我們必須思考媒體從起點到終點的全貌，設計流通方式，從「獲利模式」開始。這時需要站在與傳統編輯不同的觀點，從策畫者的角度俯瞰整體計畫。

還有一點，就是必須根據媒體的形式，網羅適合的人才，建立團隊。畢竟像出版社或媒體企業那樣，由專職人士發揮各自的專業以持續經營事業，與在地方靠著出版與媒體維生的事業，需要的條件相差太多了。要經營地方媒體，所需的工作模式遠遠不只專業性，設計師不可能只從事設計工作。如果想要創辦網路媒體，就必須想出除了橫幅廣告[1]或聯盟行銷[2]以外的賺錢方式。

最後，地方媒體是需要講求細節的作業。地方媒體與大眾媒體的不同之處在於，地方媒體與讀者的關係緊密，因此與受訪者的往來也必須謹慎。畢竟受訪者是生活在相同地區的重要夥伴，彼此的關係不會在採訪完之後就結束，而是今後也將長期持續下去。所以撰寫文章或拍攝照片時，不能以外來者的身分介入，而是必須在當事者與報導者這兩種立場之間擺盪。希望從事地方媒體的人，要做好被捲入地方事務的心理準備。

本書的第二章邀請了活躍於各地的媒體製作參與者，針對地方媒體特有的工作術，以講座的形式寫下各自的論點。

本書也重新採訪了在上一本著作中未能提及的地方媒體參與者。我也希望能藉此機會再次深思自己正在思考的地方媒體的可能性。現在已經有企業、政府、個人、NPO等各式各樣的參與者加入製作地方媒體的行列，我希望能透過這本書告訴大家，地方媒體的動向，已經不單單只是搭著地方活化或地方創生的順風車所形成的熱潮，而是能夠以解決地方課題為由，從事各種挑戰的全新實驗場。

我希望想在地方發行媒體的政府或企業、個人、團體，都能夠透過本書瞭解地方媒體普及的地區的各種案例。如果可以的話，也請成為地方媒體的實踐者吧。

二〇一八年四月　影山裕樹

1 **橫幅廣告**（Banner Ad）　網站版面中放置的廣告圖片，通常為橫幅矩形，可連結至投放廣告的對象網頁。

2 **聯盟行銷**（Affiliate Marketing）　商品業主與包括部落客、網路名人、甚至一般網路使用者合作，由後者使用自己的網路平台、電子郵件、社群網路等宣傳商品，當推廣成功而帶來收益，業主則支付回饋金予這位協助推廣的網路夥伴。

目錄

第1章　創辦地方媒體之前

影山裕樹

1 需要目標，但沒有規則

近年來日本全國各地開始盛行製作地方媒體，譬如標價販賣的雜誌、地方政府或企業為了宣傳而免費發送的刊物、配合活動發行的手冊、為了招攬觀光客或移居者而架設的宣傳網站……除此之外還有從以前就紮根於地方的電視台、電台、報社，這些也都稱得上是地方媒體吧。

我將地方媒體定義為「將讀者群限定在某個區域的媒體」。就限定讀者群的這層意義來看，或許與業界報紙、學會期刊、會報等相近。此外也類似「發送給志同道合者」的媒體，譬如近年流行的小誌（zine）或小型出版物（little press）等等。

但本書認為地方媒體與發送給某個特定嗜好、興趣、階級、行業等均質群體的業界報紙或小型出版物不同，希望從「正因為侷限在某個區域，才能迫使『隸屬於不同群體的人』見面，將他們連結在一起」的角度來思考。

觸及不同社群（讀者群）有兩個好處：第一是銷量明顯增加，經營也因此而穩定。另一個好處則是，媒體能夠成為工具，攪動地域內僵化的群體與人流。創辦地方媒體是改變地域的「手段」，而不是自我表現的「目的」。「我知道你想要創辦地方媒體，但你的『目標』到底是什麼呢？」就是本書最想要傳達的其中一項訊息。

現今想在地方創辦媒體的人，動機到底是什麼呢？東京發行的雜誌或文化訊息的內容，終究不是他們創辦媒體的目的吧。跟隨流行報導在網路上獲得高點閱率的影像或故事，與持續不斷地發行，最後成為地方需要的媒體，通常是兩件不同的事情。

另一方面，當我看到那些光憑個人之力就持續發行幾十年的地方媒體，或即使粗糙卻飽含熱情的地方媒體時，也會覺得創辦地方媒體沒有什麼不可或缺的技巧，只要有想法、腳踏實地與讀者建立關係就已經足夠。因為「地方媒體沒有規則」。

但實際上，如果沒有個性與才華、沒有在媒體界或出版界累積下來的經驗、或者沒有一時的偶然或奇蹟般的邂逅，真的能夠做出既獨特又可以持續發行的媒體嗎？

對於那些誠摯面對地域課題，摸索解決辦法的人，還是能夠提供最低限度的方法吧？

本書的目的，既不是傳達外行人模仿不來的特殊技術或毅力口號，也不是成為一本簡單就能創辦成功媒體的指南，而是根據地區與目的，個別提供具體的方法。

2 地方媒體是什麼？

① 對地域再生有幫助嗎？

常有人問我「地方媒體對地域再生有幫助嗎？」答案是「沒有」。舉例來說，想要讓地方的沒落商店街恢復元氣，首先應該做的是什麼呢？拿補助款來印海報或免費刊物嗎？不，不是的。首先應該招攬店家進駐閒置店面，促進具有持續性的本地客人流入。想必很多人都認為，活用閒置空間是地方創生的關鍵，活化地方經濟才是對地方有意義的舉措。

另一方面，媒體不侷限在特定的場域，而是分佈於紙面、網路等各式各樣的地方。媒體的價值就在於廣泛傳播創造出的資訊，並與人們分享。地方媒體不像改建空屋或活用因為合併、廢校而失去用途的小學等那樣，能夠帶來清楚可見的效果。如果想要實際體驗地方媒體對地方的經濟與文化帶來的貢獻，必須稍微更仔細地檢視其意義。

譬如，不管什麼樣的店家都能進駐閒置的空屋嗎？這家店能成為對地方而言不可或缺的店家，長久經營嗎？多數情況下都無法輕易得出答案吧。「為什麼這裡需要這家店？」如果沒有必然性，店家也無法繼續經營下去。這時就需要一個機會，重新思考這家店、這條商店街、這個地區追求的事物到底是什麼。而「正因為侷限在某個區域，才能迫使店鋪的老闆、當地居民等『隸屬於不同群體的人』見面，並將他們連結在一起」能做到這點的媒體，或許就能發揮作用。換句話說，地方媒體就是重新定義某家店、或某地區的認同感，並找出具備必然性的活用方法的一種手段。

②地方媒體與大眾媒體不再截然二分

話說回來，地方媒體是什麼樣的媒體呢？最近「地方媒體」經常作為與報章雜誌、電視等大眾媒體相對的詞彙，但地方媒體真的與大眾媒體相互對立嗎？在地方發行，並且在當地擁有過半市占率的地方報紙，難道就不能稱為大眾媒體嗎？又譬如在全日本發行的報紙雖然屬於大眾媒體，但由於使用的是日文，只能將訊息傳達給日文讀者，就這層意義而言，不也能稱得上是地方媒體嗎？

讀賣新聞、朝日新聞等日本的報紙，即使與各國的報紙相比較，也擁有特別大的發行量。大眾媒體以擁有共通語言的大眾為對象，「對內」傳遞訊息。媒體上刊登的報導，當然偏向當地大眾特有的習俗、政治狀況、文化傾向。而且不管資訊多麼封閉，當地的人口數多，發行量自然也會增加。

大眾媒體顧名思義，是一種傳播大眾必須共享的資訊、強化眾人身處在共通世界的幻象的裝置（媒體）。但在網際網路登場之後，就發生了全世界的人們同時投入全球化媒體環境當中的狀況。

於是相對的，大眾媒體刊登的資訊，急速失去反應世界現況的信賴感，其「地方性、對內性」卻莫名地看起來更加顯著。就某種意義而言，大眾媒體也成了一種地方媒體了。

最近民營電視台的綜藝節目中，因為出現了把臉塗黑扮成黑人的搞笑藝人，而引來海內外的外國人批評。當然，只要稍微回顧一下歷史，就會發現在公開放送網中裝扮成黑人是不智之舉，但也不難想像，民營電視台做為對內傳播的大眾媒體，並不熟悉種族議題的文化脈絡。日本民營電視台的綜藝節目（與其觀眾），還沒有足夠的度量接受來自海外人士的意外批評，這點令人遺憾。

③有趣的事物就隱藏在「地方」

就像拿大眾媒體與地方媒體進行比較，近年來也培養出把大眾媒體・地方媒體視為一體，並與全球媒體環境進行比較的觀點。

地方媒體與大眾媒體

就現實而言，要求媒體傳播「毫無偏頗的正確資訊」終究只是幻想，而單一媒體也無法再將「讀者」這個群體（大眾媒體的「大眾」）一網打盡。其實這點也創造出對地方媒體而言有趣的狀況。因為，不管是地方媒體也好、大眾媒體也好、海外媒體也好，都是看見世界的一扇窗，而今的世界，到處都存在著這樣的「窗口」。

舉例來說，埼玉電視台每年正月都會播放「埼玉財政界人士慈善歌謠祭」這個趣味歌唱節目。對埼玉縣民而言，這個節目或許就像紅白歌唱大賽一樣有名，但出了埼玉縣就誰也不知道，近年這個節目卻透過網路獲得了不小的知名度。

另舉一例，秋田縣有一種由當地中高齡婦女在路邊販賣的冰品「阿桑鏟子冰」（ババヘラ），知名的糖果廠商不二家以它為主題製作牛奶糖，在秋田縣限定販賣。秋田經濟新聞報導了這則消息，引起熱烈討論。但明明在東北以外的地區有很多人不知道阿桑鏟子冰，為什麼報導更小眾的牛奶糖的新聞會成為話題呢？這件事情不禁讓人感到疑惑。我想，一定是因為味道清淡得像水一樣的阿桑鏟子冰推出滋味濃厚的版本，所以緊緊抓住了秋田人的心吧。

而這些超級地方性的新聞，不只能讓住在當地的人產生反應，過去住過秋田的人、或總有一天想移居秋田的人，也會對這則新聞產生興趣。換句話說，某個地區的主題，讓生活在各個地區的人都成了讀者。因為這些人有需求，資訊才會被上傳到內容農場，並因此而傳播開來。

數位音樂播放器從大約十年前左右開始流行，使用者在過去必須以一張專輯為單位購買音樂，但自此之後，歌曲開始能以一首歌為單位購買，大眾媒體傳播的資訊也發生了類似的變化，這些資訊被分割成一則一則的報導，透過臉書、推特等社群網站分售。

有鑑於這樣的現狀，讀者對媒體的信賴感，已經不再取決於套裝化的媒體發行年數或份數，而是把注意力轉移到單篇報導的話題性或切入點。小眾新聞發表的文章突然引來輿論，開始讓更多人看見。因為即使並非刻意吸引目光，地方依然隱藏了許多看在外人眼裡有趣的事物。

事實上，只有像這樣藉由在全球化的媒體環境中確保立足之地，同時也交換某個限定地區的資訊，才能讓地方從大眾媒體賦予這個地區的膚淺刻板印象中解放，靠著自己的力量重新定義地方的認同。

各地區的地方媒體製作者，即使手法仍不成熟，依然反覆進行各種嘗試，展開創業的實驗，他們的努力就某種意義而言，就是現代媒體製作的最前線（frontier）。只要仔細觀察地方媒體歷久彌新的嘗試，就能隱約看見未來適合網路或社群網站時代的資訊傳播形式。

3 製作地方媒體的第一項重點：需要講求什麼樣的品質

接下來我將稍微更具體地介紹創辦地方媒體時必須知道的重點。這些重點都和處理商店街閒置店鋪的對策一樣，是確認必然性的作業。所謂的必然性，就是「為什麼需要這份媒體」。首先必須思考的是這份媒體需要「什麼樣的品質」，其次是思考這份媒體需要的「形式」。

如果想要製作高品質的內容，需要的技術當然與一般媒體業界沒有太大的差別。但地方媒體只在特定區域發行，所以往往缺乏擁有媒體製作技術的創意人才（寫手、編輯、設計師、攝影師等），也沒有足夠的資金。地方媒體的製作條件劣於都會。從事地方媒體製作的人，如何在這樣的逆境當中，確保自己想要的品質呢？而地方媒體的品質指的又是什麼呢？

①對流通的講究——發行人親自派送的《宮城銀髮交流網》

月刊報紙《宮城銀髮交流網》在宮城縣發行超過二十年。這份報紙顧名思義，是以年長者為對象提供資訊的地方媒體，它最主要的內容，就是「銀髮川柳[3]」了。發行人千葉雅俊每個月從

3　川柳　日本傳統文學的一種，格式和俳句一樣依序由五、七、五，共十七個音節組成，主題通常為抒發心情或詼諧諷刺的打油詩。

讀者投稿的一千多句川柳中，挑選約兩百句刊登，在版面上排得密密麻麻，幾乎要拿放大鏡才看得見。據說年長者的樂趣就是每個月拿起這份報紙，尋找自己投稿的川柳有沒有被登在上面。

光是挑選投稿的川柳就是一大工程，但千葉先生卻連編輯、撰稿、設計、拉廣告到派送全都親力親為。一般來說，發行刊物至少可以在印刷廠把最新一期印好之後，將派送作業委託給業者，自己則著手進行下一期的編輯作業吧……然而千葉先生卻不這麼做。

「讀者常對我說，『千葉先生，你這個總編輯還要兼派報員啊？』但我發現，報紙被擺在哪裡、怎麼擺、被擺成什麼樣子、剩下

《宮城銀髮交流網》（攝影：喜多村美嘉）

《銀髮交流網》的設置場所列表

（根據《銀髮交流網》的官網製作http://silvernet.la.coocan.jp/haifusaki.html）

① 老人俱樂部（町內會）※各地老人俱樂部約5000份
② 公共設施　老人福祉中心、市民中心、老人活動中心、文化中心、圖書館等 • 老人福祉中心（台原 大野田 高砂 小鶴 郡山 泉） • 老人活動中心（虹之丘 長命之丘 南中山 泉之丘 向陽台） • 市民中心（太白區中央 青葉區中央 若林區中央 宮城野區中央 泉區中央其他） • 其他公共設施（仙台媒體科技 縣圖書館 銀髮中心 福祉廣場） • 老人之家等（寺岡長青城 C Amille八乙女 長生園 地球之森 其他） • 其他（岩沼市銀髮人材中心）
③ 醫院（各地主要大型醫院） 東北大學醫院／仙台市立醫院／仙台開放醫院／仙台醫療中心／國立西多賀醫院／縣立癌症中心／東北勞災醫院／JCHO仙台醫院／仙台循環系統疾病中心／仙台紅十字醫院／廣南醫院／JR仙台醫院／德洲惠醫院／佐藤醫院／泉骨科／JCHO仙台南醫院／東北藥科大學醫院／仙台東腦神經外科醫院／星陵診所／仙鹽醫院／岩切醫院／鹿內骨科／仙台胃腸診所／東北骨科 仙台北骨科／石卷紅十字醫院／SENDAN HOSPITAL／泉醫院／仙鹽利府醫院／IMS明理會仙台綜合醫院／朴澤耳鼻咽喉科／ＮＴＴ東北醫院　等
④ 超市 Moriya（SUPER BIG）所有分店。部分宮城生協、York Benimaru
⑤ 杜之都信用金庫（所有分行）
⑥ 每日新聞部分夾報　※約9050份為仙台市內每日新聞的夾報。只限每日系列的販售店。
⑦ 地鐵站（在11站設置13處的展示架） • 泉中央站　松站 台原站 北四番町站 勾當台公園站 廣瀨通站 仙台站 五橋站 河原町站 長町一丁目站 長町南站
⑧ 郵寄服務（需負擔運費）

的份數等資訊，都非得親自確認不可」（節錄自《進擊的日本地方刊物》）。

千葉先生的話很有說服力。他反過來利用既缺乏人力資源，也沒有充沛資金的狀況，打造出規模適當的商業模式。媒體需要什麼樣的品質，才能達成「串聯地方年長者」的任務呢？千葉先生的判斷想必不是雇用專業設計師，而是親自將每一份報紙確實送達吧。「一人包辦」的優點不單單只有能夠壓低成本，還包括可以在自己目光所及的範圍內控管製作媒體的所有流程。不管是全國規模的雜誌編輯部，還是「公事公辦」的地方情報誌，其實都出乎意料地缺乏像這樣懷著責任感，包辦從媒體發行前到發行後的所有工程的人。

我認為即使地方上缺乏媒體製作的專業人才，也不能把工作完全丟給東京的廣告代理公司或專業的雜誌製作者。許多在地方上失敗的媒體，都是政府單位把預算全都撥給非當地業者所製作出來的量產品。這個現象不只出現在紙本或網路媒體，在宣傳影片、觀光、當地食材的推廣等類似的領域也經常可以看到。就算是沒有錢的素人也無所謂，「全部自己來」或是「最後由自己負起責任」，才能擺脫東京視角的地方標籤，由自己發掘地方的價值。

②獨特的經營方法——結合異業的真鶴出版

最近經常聽到「編輯地域」這樣的說法。「編輯」這項專業技術，一直以來都與出版、媒體綁在一起，但如果將「編輯技術」應用在社區營造，會擦出什麼樣的火花呢？這就是「編輯地域」的概念。出版、媒體業界變化劇烈，報章雜誌、書籍等傳統紙本媒體的發行量約在一九九六年達到高峰，與當時相比，現在的市場規模已經縮減到三分之二左右。為了應付縮小的市場規模，只要有網路與電腦就能工作的自由編輯，人數變得前所未有地多。他們開始活用身為編輯所培養出的技能，在網路、廣告、活動、地方振興等全新領域大顯身手。大家往往會以為地方缺乏創新人才，但其實不少人因為返鄉或移居而來到鄉村地方，卻因為雜誌或廣告等工作機會比都會少，導致他們空有一身技術與經驗，卻沒有施展的舞台。

神奈川縣的真鶴半島，有一家邊經營民宿邊從事出版的出版社「真鶴出版」。這家出版社由二〇一五年移居真鶴的川口瞬與來住友美所成立，建築物本身是屋齡五十年的老屋，川口先生在這裡從事出版活動，而來住小姐則在這裡經營民宿。換句話說，真鶴出版是一間提供住宿的出版社。川口先生在大學時代曾前往東京的出版社兼書店 SHIBUYA PUBLISHING & BOOKSELLERS 實習，藉此接觸了出版的世界。畢業後即使進入 IT 企業工作，依然與同伴創辦獨立雜誌《TYP》。後來從大學時代就開始交往的來住小姐前往菲律賓經營民宿，川口先生也藉此離職，到菲律賓學習語言。後來兩人回國，移居真鶴。

換句話說，真鶴出版是由擁有出版、編輯技術的川口先生，與懂得如何經營住宿設施的來住

「提供住宿的出版社」，民宿與出版社在屋齡50年的住宅並存

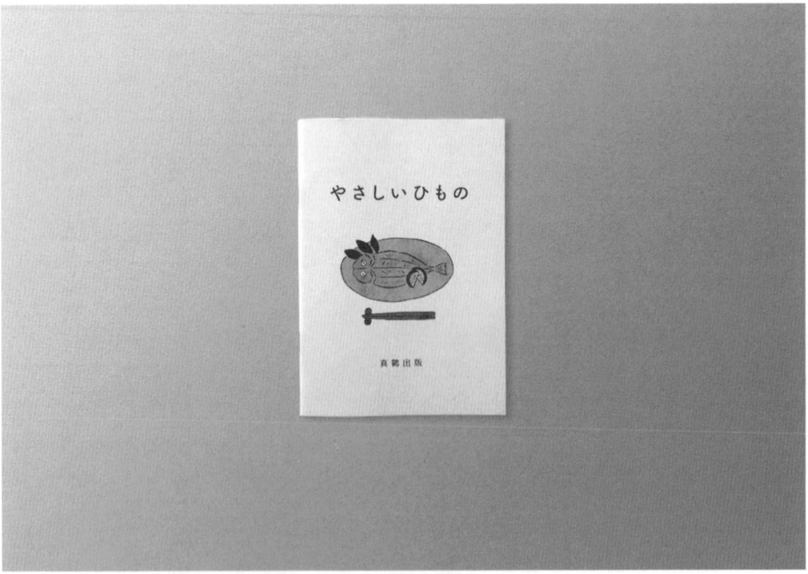

真鶴出版的書籍《溫和的魚乾》（提供：真鶴出版）

小姐，這兩人的技能異業結合所誕生的經營型態。他們出版了一本書，名為《溫和的魚乾》（やさしいひもの），書中附贈魚乾兌換券，能夠在真鶴當地的乾貨店兌換魚乾。據說購買這本書的讀者當中，真的有好幾位為了兌換魚乾而來到真鶴。而購買這些書的出版社粉絲，也有一些成為民宿的住宿客，場所與媒體產生了加成作用。日後想必會有更多的案例，採取這類全新的觀點，在地方發展媒體與其他行業的異業結合吧！

編輯常被比喻為工匠。因為編輯必須仔細閱讀作者交上來的稿子，進行校正與校對，像打鐵一樣提升文章與照片等內容的品質，邊構思裝訂、標題、出版後的宣傳，邊默默地工作。

但另一方面，也常有人說：「烤出美味的麵包，與讓麵包店生意興隆是兩回事。」這句話出自小型企業的經營指南書，意思是以獨立開業為目標的創業者最常遇到的失敗原因，就是工匠意識過於強烈，缺乏經營者的自覺。

地方媒體在性質上接近麵包店或小型工廠，因此這句話聽起來感受格外深刻。身為「工匠」的職業編輯，往往只專注於製作「好的作品」，缺乏資金調度等管理意識，或是讓企業穩定成長的經營者觀點。所以製作地方媒體不能太過依賴出版界或媒體界一直以來重視的工匠級技術，「策畫者的眼界」才是不可或缺。

工匠級的技術，對於重新檢討、改善既有媒體（免費刊物、雜誌、電子報等）的設計相當有助益。但就像前面所說的，如果想要創造出對地方擁有必然性的媒體，只靠技術並不夠。

這個「必然性」才是製作地方媒體時最重要的部分，無法取得必然性的媒體不可能持續。譬如政府發行的網路媒體，經常出現剛開始還不錯，後來卻成了不再更新的「廢墟媒體」的狀況。如果把媒體製作當成目的，忘記原本的目的應該是解決地區的課題，就會發生這樣的事情。那麼，該怎麼做才能創造出對地方擁有必然性的媒體呢？

4 製作地方媒體的第二項重點：地方特有的形式是什麼

第二個重點是在媒體的機能（形式）方面下功夫。奠定現代媒體理論基礎的馬歇爾・麥克魯漢（Marshall McLuhan）曾說過「媒體即訊息」，從他身上可以學到，比起傳播的訊息本身（內容），媒體的形式（報紙、電視、收音機……）傳達了更多「言外之意」。

舉例來說，對情人求婚時，打電話會比用 LINE 傳訊息更能展現出自己的認真，手寫的信或許更好。如果想要招攬年輕人參與地方祭典，透過社群網站傳播消息，就比只有老年人才會看的聯絡板更有效果。換句話說，媒體必須配合目的改變形式。

①只有在當地才能買到的書——「書與溫泉」

城崎溫泉的旅館小老闆集合起來成立的NPO法人「書與溫泉」（參考本書四十六頁），出版了只有在城崎溫泉才能買得到的毛巾材質裝訂書籍。出版業的慣例是透過代理商把書籍均勻鋪貨到全國的書店，但「必須特地造訪當地才能購買」的特殊機制，嘗試顛覆了這項慣例。獨特的設計也好、作者的知名度也罷，無論對這本書的哪個部分感興趣，被這本書吸引的人都為了買書而特地造訪城崎溫泉，於是他們留宿當地旅館，穿著旅館的木屐和浴衣，蜂擁而至溫泉區的公共溫泉。

城崎溫泉將整座溫泉區當成一個度假村來經營，遊客可以在這裡泡湯、吃螃蟹，在紀念品店或射擊遊戲場打發時間。正因為城崎溫泉是旅館街的全體一起構思觀光體驗，才能將「書本」當成放大觀光

NPO法人書與溫泉出版的《城崎審判》。是本以毛巾做裝訂的書

體驗的工具運用。

地方媒體的通路極為有限，與大眾媒體或透過全國實體書店、網路書店均勻鋪貨的出版品不同。所以製作地方媒體，必須從思考「該以什麼樣的方式，送到讀者手上」開始。而「書與溫泉」計畫就是由此誕生的發想。

②貼近地方的新型態——《枚方通信》

此外，媒體也不能只把訊息從發訊者單方向傳達給接收者，還必須從接收者回傳給發訊者，正因為有這種雙方向的溝通，媒體才能發揮真正的本領。發送者與接收者距離緊密的地方媒體更是如此。發行知名元祖地方刊物《谷中・根津・千駄木》（通稱「谷根千」，可參考本書二三〇頁）的森檀女士曾說過：「發訊者與接收者之間具有互換性，資訊的往來是雙向的。我希望我們的雜誌，真的能夠成為兩者之間的媒介（乘載物）。」（引自《東京媽媽町之夢：日本地方小雜誌《谷根千》傳奇》[4]）換句話說，像路邊閒聊或聯絡板那樣，活用看得見發訊者面孔的親密感，才是創造出地方媒體的獨特性與地方發行的必然性的戰略。

這種親密感的特質，就算是網路媒體也一樣。以大阪府枚方市為對象的地方媒體《枚方通信》（參考本書一一五頁），是個每月有三百萬人次瀏覽的超人氣網站。這個網站的製作費，來自限定六十家的企業夥伴購買的廣告。下廣告的也都是當地企業，因此只看廣告也能知道其貼近地方的態度獲得好評。舉例來說，他們的不動產廣告（平通不動產）就帶領讀者從最近的車站、經過推薦的咖啡店與麵包店、遊樂中心以及附近遇到的當地人一路來到建案，介紹地相當仔細。最重要的獨家企劃報導，也頻繁傳遞播到當地人癢處的資訊，譬如「地

4 繁體中文版由遠流出版。

報導市內開幕、倒閉詳細資訊的《枚方通信》

方資訊問答」、「開幕・倒閉資訊」或是「難走坡道排行榜」等等，似乎都能成為當地人聊天的話題，充分展現出對當地的深厚感情。他們之所以能夠持續發行媒體、雇用員工，靠的不是傳統的橫幅廣告或聯盟行銷，而是收下當地企業的廣告費撰寫業配文、從簽下年約的夥伴企業處調度資金，在確保文章撰寫自由度的同時，也與廣告業主建立緊密的關係。他們甚至還開始活用這樣的關係與媒體的品牌力，打造共同工作空間、舉辦市集之類的活動。

5 最終目的是對地方重新編輯

①得到「不是媒體也無所謂」的結論

就如同第一項重點所指出的，想在非都市的地方製作高品質媒體，讀者數、人才、資金面的阻礙等都是瓶頸。所以第二項重點才會提到，開發媒體的形式（機能）與獨特的通路（與讀者的關係、距離），將會創造出地域的必然性，並成為地方媒體事業存活下來的手段。

如果再一次認真地重新思考解決地域課題所需要的媒體形式，其實就有可能得到「不是地方媒體也無所謂」的結論。

②帶來溫暖的「媒體」——京都市北區新大宮商店街加點卡

譬如京都市北區的新大宮商店街，就可以使用名為「加點卡」的特殊集點卡。這張卡片乍看之下會讓人以為是普通的點數卡，但商店街每年都會將顧客平常購物收集到的點數，依照顧客的意願，將數字乘上〇・八日圓，撥款給自治聯合會、學校家長會、社會福祉協議會等當地的地方團體。換句話說，顧客在商店街買愈多東西，地方團體就能獲得愈多從事地方活動的資金。

除此之外，顧客的來店紀錄也會累積成為資料，如果老人家有一陣子沒來購物，商店街的事務局也會打電話到家裡關心狀況。集點卡這種冷冰冰的紙片，似乎開始帶給人溫暖的感受。產生這種感覺的人，應該不只我吧？

在獨居老人或孤獨死成為待解決課題的地區，或許也可以構思讓年輕人參與傳遞的聯絡板。

通常創辦免費刊物，只會想到要在朋友的咖啡店或市公所的雜誌架發放。但就算好不容易做出了高品質的媒體，如果不考慮發放的場所，也無法送到目標讀者的手上，如此一來就失去了創辦媒

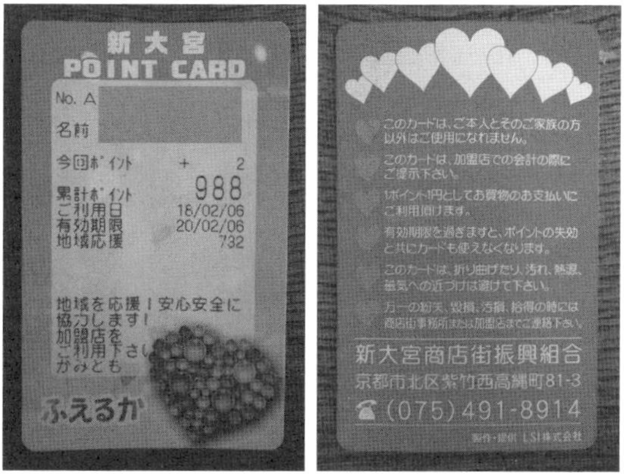

京都市北區的新大宮商店街所發行的「加點卡」

體的意義。

大家往往會以為新媒體（電視、網路等）的登場，必定會造成舊媒體（報紙、收音機）的衰退，但這樣的狀況並非絕對。我在三一一大地震剛發生後不久，注意到聯絡板的存在。當大家都在推特（Twitter）上確認安危時，住在同一個社區大樓其他樓層的陌生鄰居，傳來了一塊寫著「這種時候更應該珍惜與鄰居的往來！」的聯絡板。這塊聯絡板讓我感受到有人情味的訊息具備多麼強大的力量，也使我從聯絡板這種「發訊者與接收者距離相近」的媒體中感受到可能性。

麥克魯漢曾說過，人類創造的人造物、科技全部都是「媒體」。換句話說，媒體不存在於人類完全未曾涉足的原始森林，而造成恐龍滅絕的隕石也不是媒體。但只要加上人類的意志與作為，媒體就可以是任何事物。

手機APP、彩繪電車、地方社群網站、社群廣播……媒體的形式隨著目的變幻出無限可能性。媒體具備著某種讓人遇見平常沒有機會接觸的「不同社群」的機能。

③咖啡店×澡堂×住宿×熟食店×信件——東京・谷中HAGISO的嘗試

HAGISO是結合咖啡店與藝廊的複合設施，由東京・谷中的老公寓改建而成。負責人宮崎晃吉先生將各式各樣的經營型態融入當地，展開振興地方的活動。譬如執行「hanare」計畫，讓遊客在當地的小吃店用餐、在當地的澡堂泡澡、在設置於當地各處的房間住宿；此外也經營以當地人為客群的熟食店TAYORI等等。

其中二〇一七年開幕的TAYORI店內，有個名為「食之郵局」的區域，這個區域相當有趣，顧客吃了店裡的食物後，可以把感想寫成一封信，寄給生產者。運作方式類似結合生產者與消費者，並附上食物的雜誌《食通信》。

就「資訊＝價值交換」這層意義來看，TAYORI的手法就與媒體類似。宮崎先生是這麼說的：「TAYORI也好，hanare或HAGISO也一樣。我們改建地方閒置的不動產，並將其活化的工作，就與編輯類似。因為我們所做的事情不是從無到有，而是思考如何活用既有的地方資源，並將這些資源結合。」

編輯（媒體）的工作橫跨許多領域，製作媒體需要許多人的參與。擬定企劃、取得預算、徹底掌控文字與照片的品質、打造理想的團隊、處理最壞的狀況（譬如讀者投訴或侵權問題）……這些曾從事媒體業的人會具備的職業技術與觀念，將對未來的社區營造帶來幫助。

在大眾媒體、商業出版的市場逐漸衰退的現在，更應該暫時拋開「媒體是傳達資訊的媒介」這個概念，重新思考媒體「該採取哪種形式」，才能成為解決地方課題、連結不同社群的工具，這樣或許也不錯。

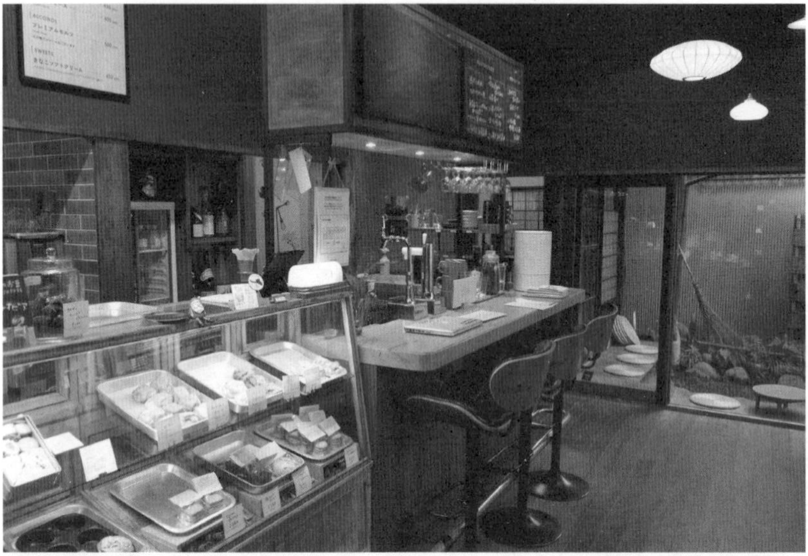

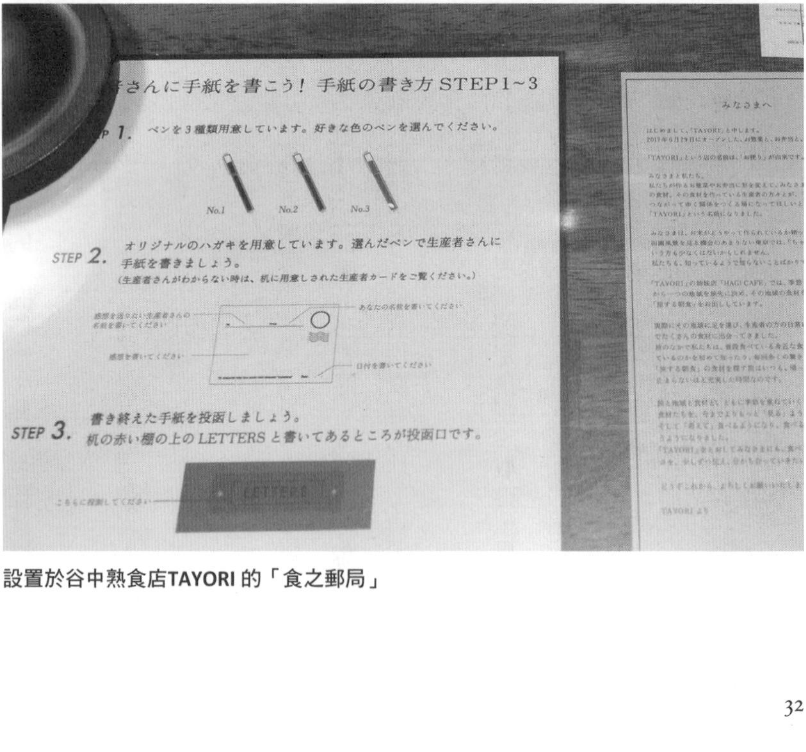

設置於谷中熟食店TAYORI的「食之郵局」

製作物品最重要的就是必須依靠材料。隨著物品不同，收集的材料也不同。所以甚至可以說材料帶來了物品。

——節錄自柳宗悅《工藝文化》

換句話說，本書想要告訴大家的地方媒體工作術，就是將高品質的「內容」，結合地方特有的媒體「形式」，有如使用當地產的水、酵母、小麥，竭盡所能打造出美味的麵包店。每個地方的風土、可以取得的材料都不同。為了使麵包店生意興隆，必須將當地的材料（人才、地方資源）發揮到淋漓盡致，並運用風土（通路）開發出全新的商業模式。誕生於深山的媒體工作術，想必無法在離島發揮效果吧。希望大家可以從各地實踐者的建議中，挑選出適合自己所在土地的內容。

6 製作地方媒體的第三項重點：在合理的預算下自由發展

至於最重要的獲利模式又如何呢？如果不仰賴政府預算，光靠製作媒體這項單一事業，很難在地方獲得成功。就算在東京，出版業界的情況也很嚴峻，更何況是要在地方投入媒體事業，這時必須思考的事情，就是如何確保擁有源源不絕的複數收入來源。

我在三十五頁的表中，分別列出了紙本媒體與網路媒體獲得基本收益的方法。除此之外，透過媒體獲得舉辦活動或工作坊的委託、製作手冊或觀光手冊的委託等，也成為媒體經營者重要的收入來源。

那麼，地方媒體的事業母體有哪些呢？除了有政府、NPO、志願團體、個人……事實上，地方的民間企業現在也成為重要的參與者。企業的出資能力與雇用從業人員的發展能力，支撐著難以光靠單一事業取得收益的地方媒體進行實驗。以《進擊的日本地方刊物》介紹的例子來看，在滋賀縣近江八幡市紮根的甜點品牌「種屋」（たねや）發行的《La Collina》（ラ　コリーナ）、在香川縣小豆島町發跡的橄欖油公司「健康樂園」（ヘルシーランド）發行的《瀨戶內生活》（せとうち暮らし）（現在改名為「瀨戶內風格」〔せとうちスタイル〕）都是如此。

紙本媒體	書店流通模式 （書籍、雜誌）	取得ISBN碼或JAN碼，鋪貨到書店（透過代理商鋪貨必須讓代理商抽成。與書店直接交易則必須到書店跑業務）。
	廣告模式 （雜誌、免費刊物）	從地方企業等取得廣告費並刊登廣告（必須拉廣告）。有時書店營收與廣告營收可以互相搭配。
	業者負擔 （免費刊物）	由地方政府或企業負擔全額的製作費（編輯、設計、撰稿、攝影等費用）。
網路媒體	廣告模式 （網路雜誌、部落格）	廣告費取決於網站的訪問量（橫幅廣告、搜尋廣告）。
	會員制網站 （網路沙龍、社群媒體）	對擁有共通興趣的讀者徵收費用（條件為本身是名人、或是專門提供有益的資訊）。
	業配文章 （原生廣告）	通常為文章體裁，但標示為廣告（這種模式必須仰賴寫作技巧與網路服務的擴散力）。
	販賣文章 （網路雜誌、新聞網站）	將文章賣給Yahoo！等大型媒體。

地方政府：免費刊物、活動網站

地方企業：企業宣傳雜誌、自有媒體

NPO、志願團體：雜誌、單行本、免費刊物

個人：雜誌、單人出版、免費刊物

地方媒體的事業母體與媒體的種類

①當地企業打造的地方媒體

製作媒體不是企業的主要事業，因此不會產生直接利益，然而終究也有機會能為企業的形象提升帶來貢獻。種屋發行《La Collina》，就像從事稻米種植或經營物產店等事業一樣，與主事業無關；而同樣道理，健康樂園發行《瀨戶內風格》，也如同經營藝廊與咖啡店。他們都把媒體定位為地方貢獻活動的一環，刻意以迂迴的方式尋求與主事業的加成作用。這是企業活用地方媒體的例子之一。

另一方面，地方上也存在許多與首都圈的出版、媒體企業類似的企業或團體。有地方印刷公司面臨印刷品的訂單逐漸減少，賭上公司存亡，於是逐漸轉變成為類似廣告代理公司的企業。這樣的轉型是因為他們漸漸發現，印刷公司的價值不在於印刷，而是在於傳遞資訊。這些長年紮根地方的印刷公司，一直以來都承包商店海報、報紙，與政府單位印刷品的印刷業務，因此自然具備簡單的校對與廣告製作技術，也擁有與當地有力人士之間的溝通管道。如果活用這些資源，也能對客戶提出與印刷品有關的活動或觀光宣傳方案。要是缺乏資金，透過群眾募資向未來的讀者募款也是一個方法。

此外，由過去就存在於當地的地方媒體（報社、電視台），或與當地中小企業關係密切的金融機構、信用金庫等團體，成為新型態媒體製作主體的模式也愈來愈常見。譬如以石川縣北部能登半島中央七尾市為據點的「能登共榮信用金庫」所發行的免費刊物《紅蘿蔔》（參考本書二一〇頁）；或為了防止市中心繼續沒落，由記者親自整修閒置大樓，為社區營造奔走的「福井新聞社區營造企劃組」等，都是很好的例子。根植地方的企業，都有各自擅長的領域。如果是在當地擁有高市占率、延續百年的老牌媒體，企業名號給人的信心、記者的人脈以及製作報導的技術等，都是記者可以活用的資源。就如同我在第一項重點所提到的，地方的媒體製作人才，就隱藏在這些地方。也因此，擁有穩定資金與地盤的企業，將成為製作地方媒體的要角。

但即使如此，製作媒體依然很花錢。不只地方，連同都市的出版媒體企業在內可說是全都如此。接下來的時代，已經很難只靠出版、媒體這類的單一事業存活下去。正因為如此，才需要創造出非專業的出版、媒體形式。

②個人製作的地方媒體

此外，活躍於各地的編輯，或是與媒體合作的創意人才，在未來的時代也不得不採取與過去的職業編輯不同的工作方式。他們需要的不只是磨練設計與寫作技術，還需磨練企劃能力，在政府招標之前就與之接觸、一開始就報告整合完成的設計理念、反過來提出團隊組成與運作模式的方案。

許多頂著自由工作者的頭銜，在企業與政府之間參與媒體製作的創意工作從業人員，都必須不斷地開拓資金來源、發想、向客戶提案。設計師不光只是從事印刷品或包裝的設計，還必須與建築師或攝影師合作，「設計」整體企劃。撰稿者也必須活用構思文章或社群軟體吸睛標題的手法，描繪出簡報的故事脈絡。編輯則需要運用豐富的人脈與調查技巧，打造理想的團隊，包裝工作坊的說明書，向地方政府或企業提案。這些都是原本就具備媒體技術的人非常有效的工作術。

四十多年來，持續在秋田經營單人出版社「無明舍出版」的安倍甲先生，曾在著作中寫下這段話：「盡可能廣義地解釋『出版』與『編輯』這份工作，並持續記錄地方上發生的各種事情，和維繫不僅限於紙面的關係，不也是一條路嗎？（中略）我們在這十五年來，一點一滴地累積了龐大的資料以及與作者之間的人脈，並將這些豐富的資源回饋給地方社會，參與耕耘（編輯）地方，策畫文化（出版）的事業。（中略）我們是否能夠從這裡摸索出地方出版日後全新的生存方式呢？」（引自《充滿力量的地方出版》〔力いっぱい地方出版〕）

一九七〇年代，隨著「地方・小出版流通中心」這個經銷商登場，地方出版掀起了一大熱潮。安倍甲就是其中一名代表人物。而二〇一〇年代的今天，單人出版再度開始風行，愈來愈多人在地方成立新的出版社，從事編輯工作。但這時光靠出版單一事業已經難以獲利，因此也有不少人開始摸索與本業連動、帶來加乘作用的經營形態，或是承包地方企業的宣傳或政府的印刷品，前面提到的真鶴出版正是如此。雖然安倍甲先生的著作寫於二十五年前，但這段話的重要性至今依然沒有改變。

③政府催生的地方媒體

至於政府催生的地方媒體又如何呢？基本上政府發行的媒體，在單一年度或兩、三年內就必須看到績效，因此比起無形的脈絡或故事，往往更追求短期的效果。這也是結構上的問題。承包這些事業的廣告代理公司，在進行工作時，採取的態度往往都是如何在事先決定的企劃期間內，累積既能爽快結案，又能用來當成自家公司宣傳的事例。所以通常最好的狀況，也頂多只掀起一時的熱潮就無疾而終。政府部門在開出嚴格規定版型、發行數量、派送地點等的標案之前，或許更應該重視如何在遙遠的未來創造出「地方的故事或敘事」。那麼，政府該怎麼做才能擺脫清楚易懂的數值目標，創造出能夠長久存在於地方的故事，並以故事為成果評價事業呢？

首先應該廣邀當地的眾多關係人加入，舉辦工作坊，匯集眾人的意見。接著邀請外部專家參與，透過結合外部觀點與當地觀點，就能調查出位在東京的編輯部難以深究的細節，也能創造出從當地人意想不到的觀點切入的媒體。接著還必須留存下從工作坊中誕生的社群、人才擁有的技術，和對地方的新觀點。

政府如果想要獲得更大的成效，與其把預算拿來製作媒體，還不如舉辦用來培育人才或社群的工作坊。培育人才的工作坊不僅能讓外行人習得技術，也能發掘以前沒有發現的人才。更重要的是，能讓擁有不同背景的人彼此認識，有機會從中誕生新的企劃。返鄉、移居的人也能藉此提供「外來者」的觀點，而人才培育也相當於打造團隊。

自從出版了《進擊的地方媒體》之後，我獲得許多來自全國各地的媒體製作工作坊邀請，我在工作坊中，一定會請大家進行一項使用卡片的活動。

「地方卡」的例子。列出地方的祭典、山川、神社佛閣、老先生、老太太、小朋友等關鍵字。「媒體卡」也同樣列出免費刊物、網路雜誌、手機APP、地圖、集章活動、聯絡板、小說等關鍵字每個地方面臨的課題、擁有的資源都不一樣。我請大家把這些多樣化的資源與課題列出來，暫時寫在「地方卡」上。另一方面，我也會把適合解決地方課題的「媒體形式」做成卡片。再來只要像撲克牌的「釣魚」遊戲一樣，將這兩種卡片組合在一起並發表即可。這個活動出乎意料地有趣。

活動的目的，是創造結合不同社群的地方媒體。所謂的「不同社群」，指的是因為住在這個地方，而不得不見面的各個世代、人種、階層的人，以及來自外部的「外來者」。在地方上掌握權力的經常是商店協會或青年會議所[5]等從以前就存在的社群，新的世代或移居者無法融入。但另一方面，這些社群也因為具有排他性，因此也面臨難以接觸學生或外國人等占地方多數人口的社群的難關。

譬如在高齡化成為問題的社區，或許可以創辦類似「社區尋寶遊戲」的媒體，讓獨居老人與年輕人在家門口對話。而且還可以使用聯絡板這

5 **日本青年會議所**　日本的一個公益法人組織，以促進參與公眾事務、修練個人、連結國際等目的，吸引志在成為領導人的青年加入。

不同社群的結合

地方的主題　×　**媒體的形式**

地方媒的作用是結合不同的社群

種舊媒體，或是把平常搭乘的電車與巴士等交通工具當成媒體使用。如果地方內外各種不同立場的人，可以圍成一圈討論這些想法，就能不斷地冒出有趣的點子。之後要做的事就只剩下招兵買馬、募集資金，並付諸實行。

我在工作坊中總是告訴大家，地方媒體需要從四個重要的觀點來思考。第一是發想時不受限於紙本或網路等媒體形式的「嶄新性」，第二是這份媒體是否只能在這個地方製作，擁有地方的「必然性」。此外，我們所追求的媒體也伴隨著責任，因此長期持續發行的「持續性」就很重要，不能只發行個一、兩年就消失，所以製作預算不能交由外部掌握。也必須深入思考資金的「調度方法」，根據媒體的規模，憑自己的力量賺錢。

7 與他者共同製作媒體的意義

地方最重要的課題是什麼呢？商店街蕭條？高齡化？我想這些確實

發想的 **嶄新性**	地域的 **必然性**
經營的 **持續性**	資金的 **調度方法**

地方工作坊的四個重要觀點

都是很大的問題。但最重要的問題或許是當地人對自己生活的土地缺乏驕傲感吧？

即使是只剩老年人居住的地區、或是經濟狀況不佳的地區，只要生活在那裡的人幸福度高就不會有問題。炒作「高齡化嚴重」或「鐵門緊閉的店面顯眼」的都是大眾媒體。重要的是能不能翻轉外部強加的印象，擁有一個場域（媒體），自己決定自己家鄉的價值。

東京都內木造建築物密集的區域，正為了準備二〇二〇年的奧運而進行都更。但木造家屋有什麼問題嗎？因發生火災而開始延燒確實可能造成危險，但這些地方保留了高樓大廈所缺乏的，鄰居之間寬鬆的社群與文化，不應該單方面地抹去。為了抬頭挺胸、清楚傳達這些訊息，並且讓訊息擁有一定程度的說服力，就需要媒體的力量。

製作媒體時，不找相同世代、關心相同事物的同溫層，而是找既沒有共同價值觀也沒有共通語言的他者合作，意義就在這裡。生活在地方的老年人，在漫長的人生中累積了各式各樣的經驗，對於年輕人的點子，總忍不住想要插嘴。試著聽長者把話說完，或許就會發現裡面隱藏著新的線索。我們可以像這樣聚集不同的社群，透過共通的載具（媒體），找回生活在地方的驕傲感。

地方媒體是從夕陽化的出版、媒體產業中解放的全新領域，在這個領域中沒有正確答案。希望拿起本書的人，務必在這個群雄割據的世界裡，靠著當地特有的方法，隨時確保複數收入來源，與多樣的人才合作，創造出獨特且能夠持續經營的地方媒體。

為了達成這個目的，也希望各位可以傾聽在各地製作媒體的實踐者的建議。因為他們採取的，是根據地方特有的條件（風土、人口、課題），獨自創造出的方法。

第2章　地方媒體編輯術

幅允孝
影山裕樹
多田智美
原田祐馬
原田一博
成田希
小松理虔
山崎亮

①打造整體樣貌

1策畫術：從頭到尾縝密策畫

幅允孝／書籍總監

1 保有雞婆的心態

我覺得策畫是一種想方設法提高企劃品質的工作，簡單來說就是「雞婆」。以我的想法而言，策畫人就像是負責指出別人家浴室髒污的人。我們不覺得自己家的浴室很髒，但別人家浴室的髒污看起來出乎意料地明顯。每天使用浴室的人不會察覺髒污，正因為是第一次看到才能發現，並且指出來。就某種意義來說，我每天做的就是這樣的工作。

我是書籍總監，處理各種與書有關的工作。譬如打造圖書館、製作書籍賣到市場上、為除了書店之外其他許多有書的空間選書等等。

從二〇一三年開始，我在兵庫縣豐岡市的城崎溫泉，參與了非營利法人組織「書與溫泉」，這個組織是由旅館小老闆出資成立來做出版事業。我在這裡製作的書名叫《城崎審判》，書本施以防水加工，還包上毛巾材質書衣（作者為萬城目學，含稅定價一千七百日圓）。這本「地產地讀」的書只限於當地販賣，初版的一千本只花了幾個禮拜就銷售一空，現在累積銷售已經超過一萬本。

從頭到尾都要縝密策畫

回想最初，我之所以會從事推廣書籍的工作，出發點就是因為意識到書與人缺乏交流的問題。說得更明確一點，就是我深刻感受到書籍沒有打入人心。我在「青山書籍中心」這家書店工作時，每天都有許多書送來，我就把想賣的書陳列在平台。我會根

兵庫縣豐岡市，城崎溫泉的街景

據時間或天氣改變陳列的場所，就算客人只是站在那裡翻一翻，我也會覺得很開心。

直到今天，每年依然有七萬六千本書出版，讀者光是在七萬六千分之一的機率中注意到其中一本，並且拿起來翻閱就已經令人欣喜，更不用說決定買下來，拿到收銀機前結帳，在等待結帳的途中，也沒有因為覺得還是太重而放回書架上，真的付錢買下。這種必須經過重重奇蹟才能賣出一本書的深刻感受，其實就是我的起點。在亞馬遜等網路書店出現，實體書店進入書籍滯銷的時代後，這樣的奇蹟變得愈來愈珍貴。

所以我希望呈現書本時，能在讀者拿起書來，讀到第一個字的那一瞬間，就觸動他們的心弦。雖然一百個人就有一百種不同的閱讀方法，但我會想像某個可能成為讀者的人，思考他的狀況，直到最後都戰戰兢兢。

所以這樣的「雞婆」，不能只仰賴最初的靈光一現，內容自然不用說，包括裝訂、陳列的位置、交給讀者的方式，從頭到尾都必須縝密思考。

現在的時代，已經和編輯只要做完校對就算完成工作的年代不同，編輯無疑地還必須仔細觀察書擺在哪裡、放在什麼東西旁邊、附上了什麼樣的指示或廣告、什麼樣的人會拿起來看或不會拿起來看、最後獲得多少營收等等。與其說是「必須觀察過程」，還不如說是在讀者購買之前都不放心。更進一步來說，最好能做到讓讀者讀完書覺得心情舒暢。

「書與溫泉」成為地方來找我商量各種企劃的契機，但我提出的方案是否全部都能實現呢，其實無法實現的反而較多。我不是提出方案後就撒手不管，畢竟參與其中還是比較有趣，也能負起責任。所以我希望能夠限縮洽談的窗口，直到最後都幫助接下的案子往好的方向發展。

在把事情當成工作之前，先把事情當成自己的事

參與地方工作後讓我發現一件事，那就是首先不應該把解決眼前的課題當成「工作」，而是應該要當成「自己的事」。自己懷著必須做點什麼的心情，才是健全的狀態。城崎溫泉的「書與溫泉」的成員，已經不再只是工作對象，而是我的朋友。所以我在工作時，抱持的是「既然我們已經這麼熟了，就不能丟下不管」的心態。

我想必須自己也親自下場，才能體會要如何讓在場的跑者全都朝著目標前進，而不是只靠告訴你該如何做才能叫得動別人、提高效率的組織論。要怎麼讓城崎的朋友每天都能快樂生活、對自己住在這裡感到驕傲，全都是我的事情。我也自發性地跳進去，就像被捲入家族的事情一樣。

2 雞婆的開始：以「書與溫泉」城崎為例

裸裎相見

話說回來，在城崎為我與小老闆們牽線的田口幹也先生，當時帶在身上的名片，就寫著「雞婆大師」（現在則是城崎國際藝術中心館長）。我一開始造訪城崎溫泉，為的也不是製作書籍的委託。

當時田口先生剛因為三一一震災而從東京回到家鄉豐岡市，像個無所事事的知識份子一樣，到處插手地方行政或當地居民的事情。就在那個時候，他遇見了旅館經營研究會（通稱二世會）的會員，這些會員都是旅館的小老闆，想藉著文豪志賀直哉造訪此地一百周年的機會做點什麼。這個計畫的中心人物是志賀直哉曾住過的旅館三木屋的小老闆—片岡大介先生。田口先生對片岡先生說：「你是三木屋（mikiya），我是田口幹也（mikiya），看來我們是天生一對。」據說這個計畫，就在這種玩笑般關係中展開。後來田口先生就以友人的身分，將我介紹給他們。

我實際去到當地之後發現，以片岡先生為中心的小老闆們都很有趣，似乎可以做點什麼事情，但冷靜環顧整座小鎮，都還留在過去的驕傲裡。的確，志賀直哉在一九一七年寫了《在城崎》之後，里見弴、武者小路實篤、與謝野晶子．鐵幹夫妻等，在當時近代文學界赫赫有名的文豪都接連來訪。

出了車站後，可以看到觀光海報上寫著「歷史、澡堂與文學的小鎮」，走在路上也會看到紀念碑，但這些都不是現在進行式。所以我一開始就告訴田口先生與片岡先生，人口三千五百人的小鎮，每年有八十萬名（到了二〇一五年，增加到九十二萬名）觀光客造訪，雖然就觀光區而言經營地很成功，但如果想要復興文化，就不應該依賴過去，而是必須升級現在。

或許因為是小鎮吧，當時我與豐岡市長中貝宗治先生見面，邊用餐邊介紹自己並聊聊自己的工作，結果他邀我「在續攤之前先泡個溫泉吧」，於是大家一起前往大浴場，突然就展開裸裎相見的關係。「這座小鎮真不得了啊」是我最直接的感受。當時受到的強烈衝擊，讓我想在這裡大顯身手一番。這就是我與城崎溫泉的緣分開端。

發現小鎮的課題

在第一次留宿城崎時，我就看見了這兒待解決的課題。第一天抵達城崎之後先去泡湯、吃螃蟹、玩打靶遊戲，度過了愉快的時光；但待到第二天，鎮上現有的娛樂就不足以滿足我了。

如何打造讓旅客在第二天退房之後更開心、更悠閒、更讓人流連忘返的場所，就是我從為城崎製作第一本書開始，最常思考的事情。假設十一點退房，距離傍晚六點的飛機還有七小時，該如何讓遊客在這段時間內即使不離開城崎也能找到樂趣呢？遊客難得來訪，當然希望他們停留久一點，增加在這裡消費的機會。而且交通運輸能乘載的旅客數也有極限，所以客單價也必須提高才行。

3 思考的順序：升級小鎮的文化

①製作書籍終究只是手段——重新檢視小鎮與文學的關係

推出當地限定販賣的書籍，不是我第一次造訪時就想到的點子。我很確信，如果只是單純在某個地方突然製作獨立出版品，即使發行了書籍或雜誌，也絕對紅不起來。雖然城崎溫泉在關西圈很有名，交通也很方便，但從東京出發必須轉兩班飛機，而且是螺旋槳飛機，因此一次搭乘的人數有限。

於是我就想到反過來利用交通運輸的特質。如果邀請現代小說家留宿城崎的旅館，請他們在那裡寫下作品，就像志賀直哉等小說家過去所做的一樣，而且完成的小說只在這裡販賣，那麼就值得遊客特地來此一訪吧。

於是我請旅館提供空房間，並與作家商量是否可以在這裡留宿幾天，並趁這段時間撰寫作品。現代的出版社幾乎已經不會把小說家關在某個地方寫稿了，作家想必也會覺得在與平常不同的環境中寫作很有趣吧。

②該找誰來寫

那麼該找誰來寫呢？最好是既有知名度，又能描寫關西地方的人。這時萬城目學先生就出場了。他在二〇〇六年出版的處女作《鴨川荷爾摩》中描寫了京都；在《鹿男與美麗的奈良》中描寫了奈良；在《豐臣公主》中描寫了大阪；又在《偉大的咻啦啦砰》中描寫了滋賀。而且他生於關西，能在描述當地人文歷史的同時，完成所有人都能樂在其中的娛樂作品，是一名傑出的作家。其實他的粉絲也討論過「兵庫問題」，既然寫了京都、大阪、奈良、滋賀，「為什麼不寫兵庫呢？」所以我就試著從「要不要為這個問題畫下休止符」做為切入點。

萬城目學接受了我的邀約，但如果關在那裡寫好幾個月，家人可能會生氣，所以不如先去個三天兩夜看看吧。他來了之後很喜歡這裡，螃蟹也很美味。在「紙鶴」壽司店品嘗了紅喉魚的壽司後，他開始覺得「這麼一來非得為這裡做點什麼了吧」，於是小說家也被捲入了我們的計畫。

③預算問題與成立NPO

這時我們也開始討論要不要爭取政府的預算補助。政府願意出錢當然是萬幸，但如此一來就必須在年度結束之前把書完成。我們攀上人氣作家，用非比尋常的低廉稿費委託他寫稿，如果還跟他壓截稿的時間，就太不合情理了。於是旅館協會的二世會以一股五萬日圓為單位募集資金，籌組NPO「書與溫泉」。如此一來，以鎮上的人為主體，由旅館錦水的大將伸介先生擔任理事長的書籍組織就此成立（政府也提供部分補助）。

④與政府之間做好分工

另一方面，豐岡市公所大交流課這個靈活的管理組織旗下的部門，也提供包括萬城目學的交通費補助、導覽、宣傳等大力的協助。重點在於分工。如果經費由政府全額補助，計畫就會變成「被迫執行」。但這個計畫是小老闆們自己的事情，主體是鎮上的居民，因此請豐岡市政府維持後援的立場才是最佳方案。

⑤確保品質

當時田口先生不只找了我，還透過他的人脈，招待多名「製作者」前來城崎。之前在烏特勒支（UTRECHT）書店工作的江口宏志先生，與藝術總監尾原史和先生等人，製作了志賀直哉作品《在城崎》的注釋本《注釋．在城崎》；而我與藝術總監長嶋里佳子小姐，則製作了萬城目學的《城崎審判》。當然，我們也不只以製作者的身分參與，也來當地泡溫泉，與當地成員變成了伙伴。我覺得把這些高水準的製作者拉進地方也很重要。除此之外，光只有好的設計也不夠，既然這本書施以防水加工，那麼賣的時候是要採取讓顧客清楚知道這本書能夠防水的方式，還是要透過展示讓他們知道攤開就是書本、或是旁邊的說明牌也要寫得清楚易懂呢？我開始覺得這是最重要的部分。

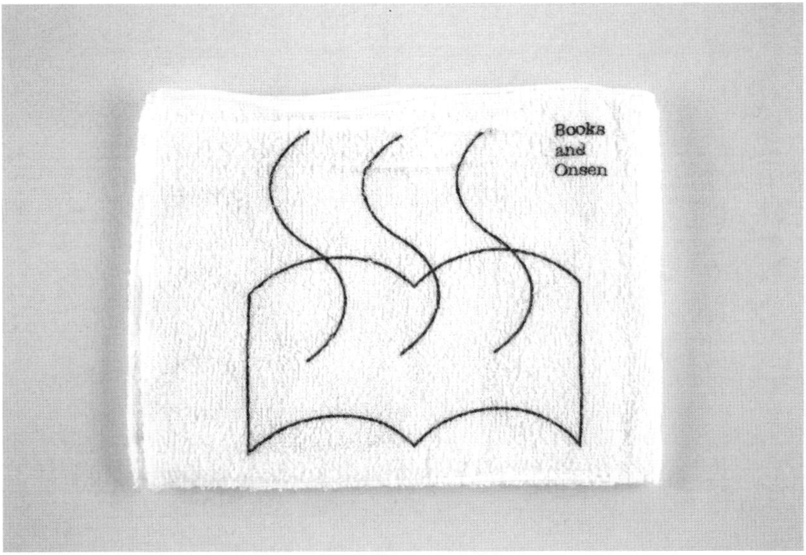

「書與溫泉」發行《城崎審判》，書衣採用毛巾材質（攝影：喜多村美嘉）

《城崎審判》是一本附有毛巾書衣的書，如果看不見裡頭的內容，乍看之下可能會讓人以為是抹布，所以將書本攤開呈現。書本製作完成之後，也有不少年長者反應說明牌的字太小看不清楚，所以我們也重新製作。我們就這樣不斷地重複邊發訊邊修正的過程。

就品質這層意義而言，還有一件重要的事情就是「創造吐槽點」。換句話說，作品不能只停留在設計之美，還要營造留白，讓人可以吐槽「什麼啊，這是螃蟹嗎」、或者「這根本就是毛巾吧！」「可以在浴缸裡讀嗎!?」等等。話說回來，這是我自己覺得愉快而主動參與的工作，所以才能想出有趣的創意。譬如將湊佳苗小姐撰寫的《回到城崎》（這本書也施以特殊質地加工，外盒能讓人想到螃蟹的殼）放在螃蟹用的竹簍上，就是我覺得「一定很有哏！就這麼做吧！」而在兩秒內就想到的點子。

4 收穫、檢討，與延伸成果

留下成果

雖然製作書籍的工作，當然是交由專業團隊負責，但整個計畫之中，最重要的還是居民（小老闆們）投資、參與並留下「暢銷」的結果。這項計畫以獲得了具體收入的形式留下成果。萬城目學的書光是在七座澡堂、旅館和紀念品店，就賣了超過一萬本。第三彈湊佳苗的書雖然才出版一年左右，也賣了九千本。而江口先生、尾原先生團隊製作的《注釋・在城崎》也加印了五千本。

在訂價方面，用毛巾加工成書衣的《城崎審判》為一千七百日圓，本庄浩剛設計的《回到城崎》為一千兩百日圓，《注釋・在城崎》為一千日圓（都是含稅價格）。這幾本書由於講究裝幀，成本比一般的書還高，但沒有經銷商介入，也沒有租用倉庫，而是存放在某旅館的三樓，因此流通費與倉儲費都省了下來。商品即使賣完，也在騎自行車就能補貨的範圍。

我們也花心思節省成本。《城崎審判》的毛巾書衣與防水的內頁用紙「石頭紙」分開交貨，並使用特製的墊板手工組合，這麼做讓毛利增加了不少。而且以直營的方式賣了如此多本，也確實獲得了利潤。

老實說，如果只是想做出酷炫的作品，有好的藝術總監與編輯就不難。但我認為將作品賣出，而且做出不只能賣，還能確實留下毛利的作品，才是最重要的事情。

從一個計畫發展出對整座小鎮必要的事物

如何從「書與溫泉」延伸推廣出去，將文學這個主題發展成對整座小鎮而言必要的事物呢？我繼續思考前面提到的「能不能在旅途『第二天』也提供旅客充實的時間」。

以城崎文藝館為例，從二十年前落成以來，常設展就幾乎沒有變過。既然海報上大大寫著「歷史、澡堂與文學的小鎮」，而書與溫泉又做得有聲有色，於是我提出了讓這座文藝館更加充實的方案。文藝館舉辦萬城目學與湊佳苗的企劃展時，鎮上的人也來參觀了。畢竟如果不先讓鎮上的人看了覺得有趣，評價也無法流傳到觀光客耳裡。

於是我每個月一定會去城崎一、兩次，除了文學之外，也接受各種關於有形無形資產的諮詢，譬如關於生態友善建築該如何打造、舊御所的澡堂遺跡該怎麼利用等等。

不是金錢的交換，而是技能的交換

如此一來，這個企劃已經發展到超越工作的領域，變成技能的交換了。我們傳遞技能，城崎則提供東京絕對品味不到的環境與度過的時光、情境、美食與美酒。如果金錢交換是迄今世界上最主要的契約，那麼類似這種技能與環境的交換，會比金錢交換更符合地方工作的現實。像萬城目學與湊佳苗這種在第一線成功的作家，基於有趣而參與計畫的時代已經到來。

附帶一提，我不是主動製造機會向湊佳苗邀稿，而是湊佳苗自己在某次的作家聚會中，對萬城目學說：「我讀了《城崎審判》喔，非常有趣。」接著又說：「但我絕對比你還常去城崎，為什麼他們沒有來找我呢？」其實湊佳苗每年一定會在年底與家人一起造訪城崎，她在那裡發現了奇怪的毛巾書（她似乎以為是抹布），讀了之後覺得很有趣。萬城目學把這件事告訴我，於是我相信他的話，雖然知道條件有點勉強，依然向湊佳苗邀稿。她爽快答應時讓我相當感動。

此外，這幾本書的發行量雖然沒有一般流通的書多，但相對地，我們也保證不會絕版，我想這是我們唯一能給作家的承諾。雖然市場上不斷推出新書，但我和書與溫泉的成員還在的一天，城崎這座小鎮的故事就能持續出版下去。雖然出版的數量比萬城目學與湊佳苗在全國流通的書要少，但如果能夠賣個一百年，說不定就能超越，這是我們唯一能對作家表達的感謝。

湊佳苗寫的小說《回到城崎》，採用讓人聯想到蟹殼的特殊材質印刷

5 不能忘記目的

雖然為了獲得成果，我們會追求銷售量，但賣出大量的書賺大錢並非目的。我們真正的目的，是在各個場所營造出讓人想來城崎的氛圍。所以我們不碰網路販賣，如此一來我們就能謹守本分，保持從製作到流通都能控制的狀態。

只有巨大的品牌才能既把產品鋪貨到全國每個角落，又能巡視所有的賣場。但在城崎，即使從「鄉村之湯」這個站前澡堂附設的賣場，走到位於小鎮另一邊的招月庭旅館紀念品店西村屋，也只要二十分鐘。我們就在這個範圍內用心販賣。正因為以大家每天都能仔細觀察的小地方為單位，才能用心地把書本送到顧客手上。

於是，我實實在在地感受到範圍的大小不構成影響，只要用心去做就能流傳下去。書與溫泉透過直營的方式，賣出了三萬四千四百本書，其中《注釋・在城崎》賣了八千七百本（六刷），《城崎審判》賣了一萬三千七百本（六刷），《回到城崎》賣了一萬兩千本（四刷）。雖然講究的裝幀確實成本很高，依然獲得了足以維持 NPO 的利潤。

另外值得慶幸的是，原本對書籍沒有興趣的人也拿起了這些書。我們創造出讓好一陣子沒讀書的人拿起書本的機會。我在策畫圖書館與書店時總是想著，能創造出這些機會的不會只限於書與溫泉而已。

書與溫泉出版的書，就像日式饅頭一樣，人們會當成伴手禮購買。但從這裡開始不也很好嗎？書原本給人難以親近的印象，一直以來都遵守嚴格的流通機制，散發出學院的氣息。但書籍高高在上的時代即將結束。大叔們將看著「萬城目學」的名字，邊碎念著「『萬．城．目．學』這是誰啊？」「可以在浴缸裡讀嗎？」邊買下來。

即使透過這樣的方式接觸，或許也會以這本毛巾書為契機，喜歡上萬城目學的作品，進而購買他寫的其他小說。我覺得書籍市場的未來，靠的就是這種微小的可能性。無論是喜歡書的人，還是遠離愛書者社群的人，都有機會接觸這些能讓他們吐槽，又覺得有趣的書籍。希望日後也能繼續創造出這種讓人接觸書本的新機會。

①打造整體樣貌

2 編輯術：邊與相關者協調，邊找出最佳解法

影山裕樹／編輯．千十一編輯室負責人

1 編輯業的目的與真諦

編輯的工作雖然包山包海，但最終目的就是將作者的訊息以最適合的形式傳達給讀者。因此，我想編輯的真諦，就在於如何有效且充分地活用手邊的資源。

編輯的工作內容與跨度雖然因媒體而異，但無論是雜誌、書籍、網站還是社群網路服務等，任何領域都需要相當於編輯的角色。這些媒體當中，從企劃到產出之間所需時間最長的，當屬書籍的編輯吧。

月刊或週刊在最新一期出版之後，上一期就會從書店消失，但一本書的目標，卻是在能在書店賣得愈久愈好。因此與其追趕瞬息萬變的資訊，不如企劃更長壽的主題，讓作者花上一、兩年撰稿，出版之後持續舉行活動與宣傳。對出版社來說，除了出版新的書籍之外，也維持舊的書籍

在市場上活動，更能穩定經營。如何催生一本能夠長期穩定販賣的書，也將展現編輯的能力。

由此可知，深耕地方，靠出版與媒體維生，和鎖定短期經濟效果的廣告與活動不同。我想，參與和地方未來有關的長期計畫時，也很適合書籍編輯那種把時間軸拉長的思考方式。換句話說，就像把「作者」代換成「地區」。這種做法不是追求一時的流行、或者對症下藥般的宣傳，而是長期面對一個地方，與之對話，發掘本質上的課題與主題。

想要傳達給誰

該如何做出長銷型的書籍呢？這點雖然很難，但我認為其中一項重點，就是不能只鎖定某個特定領域的讀者，而是也把與其他相近範圍共通的普遍課題提出來探討。

試著將兩個看似相近卻又遙遠的領域並列，分別淘選出各自的課題與讀者群。如果能夠處理兩者共通的課題，或是巧妙設定兩者共通的主題，光是這樣就能獲得這兩個領域的讀者。

舉例來說，二〇一三年發行的《改變地方的軟實力》（地域を変えるソフトパワー，暫譯），當初企劃時設定的主題是朝日啤酒贊助「朝日藝術節」活動的十周年總集，內容是介紹在各地持續從事小規模活動的非營利藝術團體與藝術家團體的努力成果。雖然都是藝術計畫，內容卻各不相同，再加上他們在全國各地舉辦的活動無數，因此根本無從得知整體樣貌。所以本書的目的，就放在脫離美術館或藝廊等藝術家至今為止的主戰場，從外圍領域介紹現代藝術活動的多樣性。

但我知道如果只做此規劃，會導致只有部分藝術相關領域的人對這本書感興趣，於是我身為十周年紀念書籍企劃團隊中的編輯，就建議本書不妨也整理出可應用在其他領域的方法論。

藝術計畫中，不乏瀨戶內國際藝術祭那種提升地方品牌價值的案例、或者透過藝術家之手，重現因主要成員高齡化，而不得不落幕的歷史悠久傳統祭典，並於隔年復活的案例、或是在沒落商店街的空店鋪開創市民社群的案例。我想比起追求作品集的藝術愛好者，這些案例反而能帶給

《改變地方的軟實力》

社區營造或都市計畫領域的人更多啟發。

什麼樣的形式最適當

為了方便藝術與社區營造這兩個領域的讀者都能找到這本書，我刻意不在主標題中放入「藝術」這兩個字。此外，一般美術書常見的做法是做成刊出全部作品圖片的集錦或圖錄集，我的做法不同，改為全方位介紹各地發生的故事或軼事。

就結果來看，雖然這是一本講述藝術計畫的書，卻也持續有人購買。不出所料，在書店中的陳列也通常擺在建築或社區營造的架上，而非美術書的位置。

我認為編輯的工作，不是將作者（想要傳遞訊息的人、客戶）的訊息直接傳達給讀者，而是將其轉換成最適當的形式。雖然作者想要傳達的訊息很多，但傳達方式卻不一定適當。這時候，該採取什麼樣的方式才能傳達給目標讀者、又該如何開拓除此之外的新讀者，就是編輯每天絞盡腦汁思考的事情。換句話說，編輯的工作，就是設計將訊息從作者傳達給讀者的過程。編輯不能與發訊者同化，必須隨時保持著批判的立場，在兩者之間擺盪、拉鋸。這點即使把作者或讀者的其中一方換成地方（社群）也一樣。

2 從企劃、編輯到宣傳的業務流程

一般而言，媒體工作的時間軸從製作前的準備階段開始，接著是製作期間，最後則是將完成的作品送到讀者手上的流通、宣傳（促銷）。不管製作的是哪種型態的媒體，流程應該都一樣。這樣的流程，無論編輯的是雜誌這類週期較短的媒體，還是書籍這類週期較長的媒體皆適用。

換句話說，媒體製作的流程就是企劃、編輯、宣傳。如果製作的是雜誌，那就是擬定企劃，委託寫手寫稿、預約採訪時間、帶著攝影師前往現場。接著編輯完成的原稿，加上圖像、說明與標題，做成報導。最後上傳到社群網站上，觀察分享或轉貼的反應。

如果製作的是書籍，流程就是擬定計畫，與作者討論，花半年到一年的時間寫作原稿。原稿完成之後就進

● 編輯的工作是傳達訊息

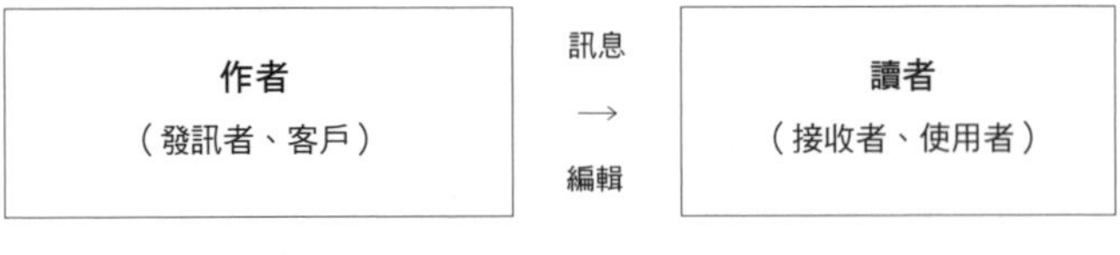

● 將兩種以上的讀者群相乘

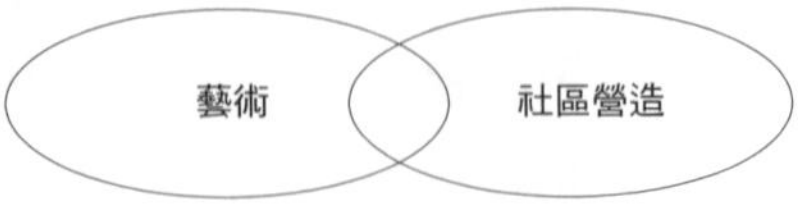

編輯的作用，就是以最適當的形式傳達作者的訊息

入編輯步驟，與設計師討論，決定裝幀，最後將書稿送到印刷廠印刷出版。完成後將新聞稿送到各家媒體、將樣書送給相關人員、到書店推銷、舉行出版紀念活動。

當然，很少全部由一人包辦所有的流程；但如果從事的是小型出版或小型媒體，許許多多的業務就必須在一人腦中完成。譬如《宮城銀髮交流網》的千葉先生（參考本書十七頁），就獨自一人完成企劃、撰稿、拉廣告，甚至是完成後的派送等所有的業務。

充分活用資源

其實製作地方媒體的重點，就在於「一個人顧所有的流程」。如果是擁有好幾百名員工的大型出版社的編輯，往往只會專注於上述三大流程裡最中間的「編輯」而已。他們很少有機會在腦中長出許多不同的人格，讓彼此激烈交鋒。希望接下來想要著手製作地方媒體的

業務流程 →

企劃	編輯	宣傳
製作企劃書	建立團隊	宣傳、推銷
預算調度	執行管理	活動
調查	採訪、撰稿	回顧
……	……	……

編輯的工作的業務流程

人，在感嘆地方既缺乏資金又缺乏人才之前，先歌頌所有流程都能獨自進行的自由吧。

由於地方缺乏專業的出版社，所以必須從頭開始思考架構，包括該製作什麼樣的書或雜誌、該如何創造收益、該派送到哪裡等等。在地方成立出版社或創造媒體時最重要的，或許就是打造框架本身的策畫者，譬如「書與溫泉」的催生者幅允孝先生那樣的存在。

此外，在地方創辦媒體的人，也會想要自己決定要追求的品質。雖然有時也必須對成本或人才妥協，但是在態度上，還是希望從如何活用現有的預算、現有的人才或是現在可以做些什麼開始思考。舉例來說，雖然沒有設計師，但是有會畫插畫的人，那麼總之就從「活用插畫」的觀點切入，至於設計就有樣學樣。或者也可以試著自己寫稿、試著自己

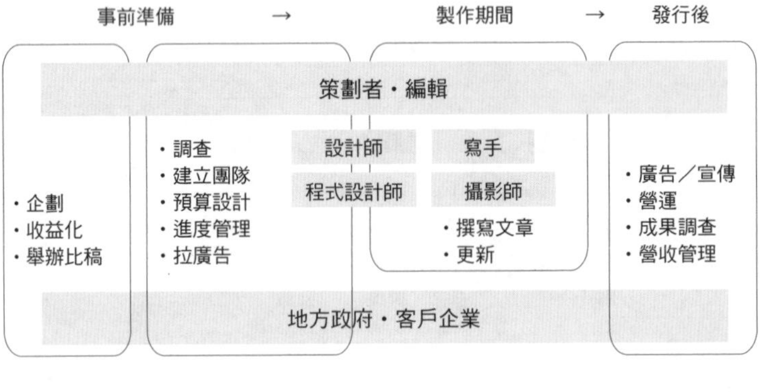

製作媒體的流程與需要的人才、技術

拍攝照片等等。徹底思考如果充分活用現有的資源可以做些什麼，最後就能帶來創意十足的企劃。

製作地方媒體的人，經常落入的陷阱就是想要把刊物做得像是便利商店擺出來的東京的雜誌。現在是簡單就能完成電腦排版的時代，做出看起來有設計感的雜誌並不難。但你真正想要傳達的訊息是這個嗎？不是讓蕭條的商店街恢復元氣嗎？不是弭平年長者與年輕人之間的溝通斷層嗎？在意設計或外觀的基本上都是年輕人，你是否在無意識當中，只想著要把訊息傳達給相同年齡層的人或已經對議題感興趣的人呢？我們不能漏看了應該傳達的讀者群。

我們必須觀察媒體業務的所有流程，乾脆地拋棄可以割捨的部分，或是用可以代替的事物取代。透過這樣的「綜觀全局」，就能清楚看見目標。

而且在企劃—編輯—宣傳的循環當中，最不花錢的其實是企劃。寫企劃書本身不用錢。再者，除非連企劃都外包給大型廣告商，不然有時候只需要獨自一人品嘗絞盡腦汁構思企劃的苦澀，就能創造出優秀的企劃。至於編輯的階段則需要將設計發包給設計師，或是委託寫手寫稿。正因為想要製作更棒的作品，所以大家往往會把錢花在這個地方。宣傳也需要花錢，譬如推銷、發新聞稿、舉辦活動、刊登廣告……如果想把媒體（訊息）送到更多人手上，這也是理所當然的事情。

如果能在企劃階段，事先想好到產出為止可能遭遇的困難，牢牢記住預防的方案，就能在實踐的路上暢行無阻，也不需要花費額外的成本。

透過「企劃腦」拓展編輯的領域

上述的觀念不只可以用在編輯書本或免費刊物之類的平面紙本媒體，也能用在規劃活動之類的立體計畫。當我以合作企劃的身分，參與青森縣十和田市現代美術館在二〇一三年舉行的「超譯美術學校」展的時候，就遇到了預算與時期的瓶頸。青森的冬日凜冽、積雪深厚，很難吸引來自全國各地的觀眾。於是我便提議，不妨把這場展覽的目標設定在增加當地粉絲，而非聚集來自全國各地的觀眾。

我把展覽主題設為買一張入場券，就能不限次數入場。特地從東

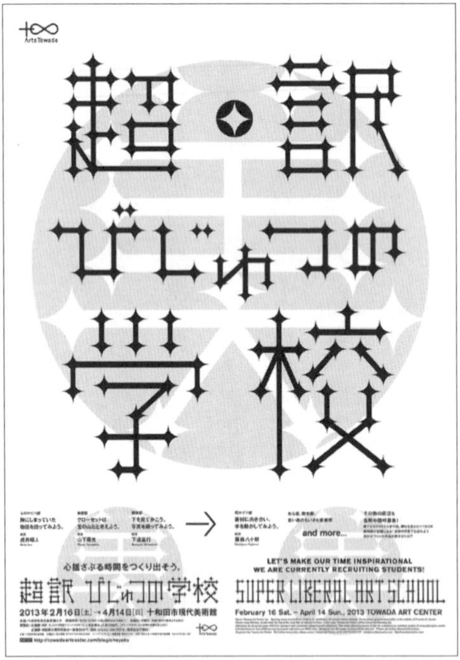

「超譯美術學校」傳單

京前來的參觀者不太會注意到這點，但如果是當地人，就有可能反覆來訪。這場展覽的概念，是在展場中舉辦許多社團活動，由藝術家擔任社長。畢竟現在不是單純能用觀展人數衡量美術館成果的時代，客戶端也在思考該如何才能成為對地方開放的美術館，因此企劃時我也把這點納入考慮。

由於預算有限，因此在製作海報時也添加了一點巧思：只要對折三次，就能變成傳單。這麼一來，只要印刷一次，就能同時完成貼在各相關單位的A1海報，以及發送到全國各地的A4傳單。正因為缺錢，才能培養出創意工作者的「企劃腦」，我想這樣的企劃腦不只可以運用在製作媒體，也能用在計畫的營運。

3 讀者（接收者）至上主義——協調相關者時的首要之務

各式各樣的利害關係人

管理媒體各個流程的人當中，大致可以分成三種行為主體。換句話說就是媒體製作過程中，有三種利害關係人（stakeholder）。第一種是客戶，也就是花錢追求成果的主體（政府、企業等等）。第二種是調度資金、描繪整體計畫藍圖的主體，角色類似帶領大家順利達成目標的策畫者。

第三種則是管理整體流程的人員部屬、調整細節以產生最佳成果的主體，角色類似總監。製作地方媒體的「編輯」所扮演的角色，說起來應該類似總監或策畫者吧。

當然，很難找到一個方法，能讓在製作媒體的各個流程中負起不同責任的利害關係人全都滿意。但是我認為，嘉惠地方的媒體或事業不能只用營收、票房收入、來場人數等簡單的數字來評斷。

當我在編輯記錄二〇一四年舉辦的第一屆札幌國際藝術祭的圖錄《人與自然共鳴的都市形態：札幌國際藝術祭2014紀錄觀點》（人と自然が響きあう都市のかたち：札幌国際芸術祭2014年ドキュメント，暫譯），就因為利害關係人太多而苦惱。

提出舉辦藝術祭的札幌市政府、受邀擔任藝術總監的音樂家坂本龍一先生、負

《人與自然共鳴的都市形態：札幌國際藝術祭2014紀錄觀點》。這是一本把重點擺在市民參與的藝術祭與地方故事，以閱讀的內容作為基礎的圖錄

責規劃藝術作品的策展團隊，甚至當地市民等，對於藝術祭都有各自不同的情感。策展人希望藝評家或專業雜誌，能夠評論受邀參展的藝術家的作品；市政府或議會則追求經濟效益、來場人數等簡單清楚的成果；市民則嚴格檢視藝術祭結束之後，在當地產生了什麼樣的文化與人的交流，至於出版社則單純想做出暢銷書。

這本書使用了大約一半的篇幅，介紹市民參與型的藝術計畫如何號召札幌市民在當地建立新的社群。畢竟這本書也必須在藝術祭結束後發行，如何在這樣的條件下，依然能在當地書店持續販賣，就是必須思考的問題。所以我希望這本書，可以回應當地市民最想知道的部分——曇花一現的藝術祭能為地方留下什麼。我判斷朝著這個方向去做，就能讓這本書成為出版社想要的暢銷書，也能為當地市民帶來必要的資訊，到頭來對政府而言也是加分。於是這本書就以閱讀的部分為基礎，把重心擺在全面介紹藝術留在當地的故事，而不是只刊出作品圖片的作品圖錄。

參與製作一份媒體的成員，包括設計師、寫手、攝影師等各式各樣的人。如同前面的介紹，必須根據預算規模以及想要傳達的範圍，思考該建立什麼樣的團隊。參與的人愈多，花的錢也愈多。但如果缺乏專業人才，就必須想出即使是外行人也能做的事情。在有許多利害關係人的情況下，無法回應所有人的要求，這時候既必須以最重要的讀者（必須傳達的對象）最重視的事物為優先，其他部分就乾脆地放棄。選擇與聚焦就是關鍵。

讀者／贊助者追求的是什麼

談到以地方為主題的書籍，我在二〇一七年曾經協助製作《編織故鄉》（ふるさとを編む，暫譯）這本書。這是明治大學的學生營隊所執行的一項計畫，他們造訪千葉縣南房總市，採訪當地的重要人物，並撰寫以這些人為主角的「小說」，最後集結成書。

學生們在明治大學的內藤真理子老師指導下，各自寫完小說，而後他們打算架設群眾募資的頁面，調度製作書籍的資金。

募資本身當然沒有錯，問題在於「出資的人是誰？」、「讀的人是誰？」於是，針對該在募資頁面上設定什麼樣的回饋才能募到資金，我給予他們一些建議。地方的事物與地方的人被寫進書裡，最開心的人是誰呢？當然就是當地人了，而且是被寫進去的本人吧。再者，因為是學生寫的小說，也不知道能否帶來純粹的閱讀樂趣，所以在書出版之前，很難讓人對內容產生期待。所以我就想，對當地人來說最開心的回饋是什麼呢？絕對不是與書本一起送來的地方限定小物，或是當地的農林漁牧產品吧？但如果青春洋溢的二十多歲年輕人，來到當地協助務農，和當地人一起喝酒聊天，光是這樣應該就很讓人開心。換句話說，比起物品，當地人更想要的是體能勞動：「拔草、打掃、顧店……什麼都幫你做！」

這樣的回饋設定奏效，群眾募資開始後，大約兩個月左右就募到了超過目標金額的資金，截止日期大幅提前。資金的用途包括設計費、編輯指導費（根據我的實際工時計算）、校對等的委託費、印刷費等等。書的設計委託給本庄浩剛先生，他之前幫書與溫泉發行的湊佳苗著作《回到城崎》設計了螃蟹的造型。而我則讓學生自己進行編輯作業——自己寫文章、與設計師開會、思考頁面排版、推敲文字。因為我認為，了解自己親手編輯的書，如何在市面上流通、獲得什麼樣的反應，對學生們而言是很重要的學習。

至於小說本身是否能夠成為商品……就看實際讀完的人反應如何，但把八則故事集結成一冊，還是有一定的份量。所以我建議他們，一口氣全部讀完太累了，不如在故事之間穿插一點插畫之類的影像，讓讀者可以

以千葉縣南房總市居民為主角的小說《編織故鄉》。明治大學的學生利用群眾募資製作

稍事休息。於是設計師本庄先生要求他們使用拋棄式相機「即可拍」，拍攝風景等與故事有關的事物。因為即可拍的照片具有特殊風格，不管拍照技術如何都能呈現統一感，設計起來比較容易。學生們仔細聽從設計師與編輯的意見，自己咀嚼消化，反映到紙面上。除此之外，他們也設計了宣傳頁面，做為出資回饋的一環。

雖然在過去，由設計師與編輯投入製作，並對製作物負起責任是理所當然的事，但如果想在人才與資金都缺乏的地方活用當地資源，那麼邀請外部專家擔任顧問，請外部專家從稍微退一步的立場參與較合適。這時候，終究必須讓當事人把策畫、編輯、設計等當成「自己的事情」。當事人把製作物當成自己的作品，在製作過程中，也與當地年長者、政府、企業等許許多多的人建立了連結。以《編織故鄉》為例，雖然製作者不是當地人，但因為製作了這本書而把南房總當成第二故鄉，今後也希望持續參與南房總事務的學生確實增加了。而且這是自己親手製作的書，因此也特別有感情。既不是移居者，也不是通勤者的「關係人口」，就這樣留存在地方了。

自己完成作品的真實感

製作地方媒體沒有規則。但外行人反而因為限制太少，無從判斷該如何開始、又該以誰為傳遞訊息的對象，所以容易隨隨便便就把計畫整個外包給大都市的大型廣告代理商。但如果最後做出來的東西缺乏親自參與的真實感，在地方催生的媒體或計畫，終究會成為只屬於外部創意工作者或企業的功績。

重要之處在於，地方媒體是否能夠成為促進生活在相同地區的不同世代、不同興趣的人彼此溝通的「載體」。因此必須擺脫過去的出版流通機制以及大眾媒體的理論，從零開始構思媒體的形式，策畫整體的流程。而且這也不是一、兩年就能結束的事業，必須做好心理準備，花個十年、二十年醞釀地方的新文化，並傳播出去。

「所有人都是天生的編輯。」說出這句名言的外山滋比古，曾在著作《新編輯力》（新エディターシップ，暫譯）中提到，編輯就是居中協調的人，換句話說就是中間人。編輯必須隨時站在想法各不相同的利害關係人之間，協調彼此的意見，導出最好的解決方法。在媒體全盛時期，編輯扮演的是站在專家與大眾之間，串起兩者的角色。但在地方媒體的時代，我想「中間人」指的必定是站在地方上彼此互不交集的社群之間的人。地方擁有許多社群，包括高齡者社群、年輕有朝氣的移居者社群、想要豐富地方生活的居民社群等等。我想，不過度融入任何一個社群，花很長的時間仔細、緩慢地梳理在「作者=發訊者」與「讀者=接收者」之間流動的資訊，就是在地方製作媒體的編輯所需的最重要的觀念。

②建立框架

3 建立團隊：團隊合作的十條守則

多田智美／編輯．MUESUM負責人

1 設立新的學習據點

二〇一七年三月十九日，福岡縣田川郡福智町的第一座圖書館兼歷史資料館「福智之智」（ふくちのち）誕生。福智町在二〇〇七年由赤池、方城、金田三個町合併而成，位於福岡縣中部靠近東北方，距離北九州的小倉站約一小時車程，人口約兩萬四千人。

福智之智是由赤池分所（前赤池町公所）改建而成的兩層樓建築，樓板總面積三五八六平方公尺。一樓挑高，有烘焙坊兼咖啡店、數位工具機齊全的工坊、兒童廣場、廚房、書店與文具店進駐，相當熱鬧。二樓則擺著沙發，是能夠享受讀書樂趣的樓層，在活用前議場打造的「無聲室」可以安靜閱讀。這座圖書館顛覆傳統圖書館與資料室的概念，以鼓勵使用者「試試看」，來取代「保持安靜！」與「禁止飲食！」等禁止事項，這樣的嘗試備受矚目。

我從事編輯活動，卻以設計團隊的身分參與福智之智的計畫。或許有人會狐疑：「由編輯參與建築設計？」我原本的據點在大阪，以「從事物的創造到記錄」為主題，參與以藝術、設計、社會福利、地方為主題的計畫，從事紙本、網路、專案等的企劃、編輯工作，但近年來社區營造的領域也經常需要具備編輯技能的人，所以我現在的工作包括：想辦法讓社區的魅力與價值可視化並傳播出去、從事專案或執行流程的企劃與營運，誘使活動自發性地誕生等，以立體的方式安排複數個媒體，進行專案本身的編輯。

接下來我將解說福智之智從策畫到完成的過程，同時也試著想一想建立團隊所需的「團隊合作的十條守則」。

2　多種經營團隊的方法

不管是哪種媒體或計畫，建立團隊都是製作過程中很

「福智之智」提案模型

学校教育
学校教育課
SILK
SHOP
TASAKI
ALWAYS
BEEN
GOOD

改建前的「福智之智」一樓挑高空間。前赤池町公所的一週設計宿營的最終日活動，除了發表宿營成果之外，也舉辦町民市集、邊想像一年半後開館情境邊參觀的館內導覽、圖書館員的說故事活動等等，相當熱鬧（攝影：Satoshi Nagano）

重要的事情。自己一個人什麼事情都做不來，也無法持續——畢竟對我來說，最無法信任的人就是「自己」。但是好的團隊能夠彼此彌補弱點、增強優勢，產生相乘的力量。在福智之智這項計畫中，主要有三大團隊，分別是負責設計的創意團隊、由政府、館長、館員組成的業主暨營運團隊，以及站在使用者的立場積極參與，企圖積極擴大圖書館的可能性的居民團隊，這三種團隊都需要經營。此外，我們也試著接觸不太關心的居民。我們想像接收者的立場，希望透過紙本媒體或網路，與他們建立輕鬆和緩的關係，而不要只有自己唱獨角戲。

福智之智在開館的兩年前，二〇一五年二月，向全國的設計業者公開徵件。由我擔任負責人的編輯事務所 MUESUM，與東京的一級建築師事務所・大西麻貴＋百田有希／o+h、大阪的設計事務所 UMA／design farm（負責人：原田祐馬）等三家公司組成團隊報名參加。公共設施的設計提案，多數需要獲獎經歷或實績等條件，但這次也開放資淺的設計師報名。於是我們根據自己的想法，將「未來的圖書館・歷史資料館」解釋成「思考關於學習、人生與工作意義的廣義場域」，並以這個能透過多重觀點展開討論的團隊去挑戰提案。我們的團隊通過了第一次審查（審查企劃提案書）與第二次審查（公開發表），最後在從北海道到鹿兒島的一〇五組參加團隊中，獲選為最優秀團隊，福智之智的計畫就此展開。

①過去的經驗是通往「下一次挑戰」的助跑動能

團隊合作的十條守則的第一條，就是「一定要活用夥伴過去的經驗與從中獲得的智慧」。提案的截止日期急迫，所以很難進行充分調查，這時就只能活用各個夥伴的經驗與智慧。我們能夠透過串聯經驗與智慧，展開不受時間限制的思考；但我們也不是每次都能成功。

在距離當時大約三年前，我第一次參與提案。那是某個町為了挑選新設立的市立圖書館・美術館的建築設計，與為期二十年的企劃、營運 PFI[6] 業者的徵件。我們的團隊以包含我在內的三名總監為中心，調查了全世界的圖書館與美術館，提出了紮根地方的構想。我們與包含 o+h 在內的夥伴團結起來挑戰這次徵件，結果卻以一分之差位居第二。這次的回憶雖然令人懊惱，但我們全力思考了如何打造未來的圖書館和美術館，這次經驗卻意外成為構思福智之智的助跑動能。

②回到原點，設定根本的「提問」

十條守則的第二條，則是「設定幫助團隊站穩腳步的『根本』提問」。換句話說，就是釐清

6　**PFI（Private Finance Initiative）**　政府為了在歲入有限的狀況下促進公共建設的整備，而引入民間廠商參與投資、興建與營運公共設施的制度。

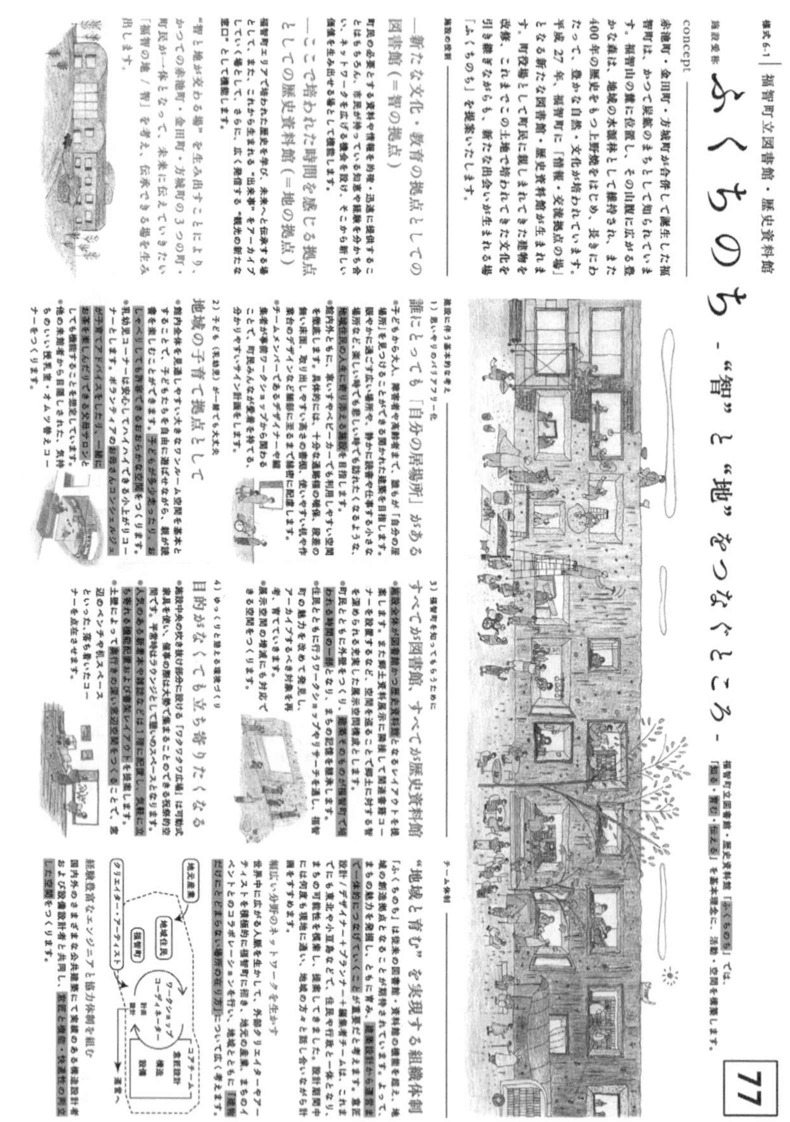

福智町立圖書館・歷史資料館徵件時提出的企畫提案書（部分）。我們根據調查，整理設計團隊的概念，以4塊A3的發表板與模型表現出來

進行這項計畫的動機。譬如這次除了打造建築物之外，也提出了「未來的公共設施該怎麼做？」的問題。

我們的團隊比較特別，由建築設計事務所、設計事務所、編輯事務所這三家公司組成，雖然每間公司各自擁有設計、識別設計、時機醞釀・資訊傳達等可以活用於建築設計的不同技能，但邊跨越彼此的領域，邊愉快討論才是這個團隊的優勢。大家根據以往的經驗，透過自然、文化、產業、教育、社會福利等觀點，從描繪小鎮的未來中感受到可能性，而我自己也希望站在編輯的立場，思考書本還有哪些可能。總而言之，透過與各個不同年代的人一起打造全新學習場域，見證創造性場所誕生的瞬間，相當令人興奮。

另一方面，點子與想法愈想愈遠，願景就很容易變得漫無邊際。這時候，一開始設定的根本提問「我們為什麼要在這裡建造公共設施」，就能引導團隊做出收束提案的判斷。

③「獨創性」源自於自己的調查

製作提案書，要先從調查開始。首先熟讀徵件簡章，從各種不同的角度解讀、調查國內外關於圖書館、歷史資料館的獨特案例、想像使用者的面孔。譬如鎮上各種不同價值觀的人、來自國內外的訪客（這部分也加進了我們的希望）、營運的政府、在現場工作的館長與館員等。

如果時間允許，直接訪問這些人當然最好，但距離交件截止日期時間所剩不多的情況下，就推薦閱讀漫畫或看電影。因為根據調查製作的漫畫或電影中，含有龐大的資訊。我們這次也從透過館員視角描繪的漫畫中，大致掌握了業界的情況，提高了想像力。當然，書籍、論文、他館發行的印刷品也為我們帶來線索。

此外，回顧政府過去發行的宣傳刊物，也能看見用地的變遷、鎮上的文化、產業、教育、特產、名勝、私房名店、流行店家以及地形等等。不過在當地做田野調查時，與其鼓起十足幹勁，不如邊玩邊感受當地的魅力與氣氛。因為每個人的著眼點不同，分享彼此的發現，就能讓團隊獨特的切入

在當地進行田野調查時不要太過緊繃，放鬆去感受（攝影：Satoshi Nagano）

點浮現出來。

十條守則中的第三條，就是「透過各自的切入點，發現能夠收集的資訊」。因為創意的強度與說服力，會隨著能夠收集到多少稀有的資訊而改變。以我為例，比起稀奇、震撼的資訊，乍看之下平凡無奇，所以長期以來都被忽略的「強韌內涵」更能吸引我。正因為沒有正確答案，所以調查的時候不能太限縮主題，注意保持接觸多元資訊的態度，自然就容易拓展創意。

④零碎的場景聚集在一起，組織成整體的樣貌

根據調查確定切入點與目標之後，如果有「發生這樣的事情應該會很有趣」的點子，就要像描繪電影的場景一樣，把具體的形象與團隊分享。如果將這些零碎的場景串聯起來，企劃與空間就能浮現。

有些人因為讀書而開啟了學習的契機，但也有人先經歷了各式各樣的實驗與體驗後，因為想要知道更多而翻開書本開始學習。由於這裡的人多半不熟悉圖書館，所以我們為圖書館增添了讓人想要順道而來的機能，希望能夠破除「圖書館＝安靜＝無聊」的印象。譬如入口瀰漫著麵包與咖啡的香味、高中生在數位工具機齊全的工坊中認識製造業、擅長料理的阿嬤在廚房傳授鄉土料理，並且由圖書館整理成當地的食譜書發行。不管是幼兒還是母親都能毫無顧慮地來這裡玩耍。

此外，我們也希望不要受限於各個空間的名稱，更加拓展使用方法。譬如圖書館中，有專為視障人士錄製朗讀資料的錄音室，而饒舌歌曲與人聲打擊在當地高中生之間很受歡迎，所以如果也能在圖書館錄音應該會很有趣吧。鎮上沒有書店與電影院，所以我們也想，如果能在一樓的挑高空間懸掛螢幕放映電影或體育賽事、擺出小攤子販賣書本或文具等等，必定能在鎮上創造出熱鬧的風景。

十條守則中的第四條，就是「詳實描繪零碎場景，組織成整體的樣貌」。小鎮由多樣的個體聚集而成，所以我們在參與建造設施時，重視的是所有腦中浮現的，可以用「我們」這個第一人稱來稱呼的每個人。

⑤擁有能與團隊以外的人共享的願景

十條守則中的第五條，就是「理出能夠成為所有計畫相關者的行動指南的話語」。提案書或簡報就像是給所有計畫相關者的情書。思考著該從哪裡說起，與所有人共享願景也是重要的事情。

福智之智的第二次審查採取開放給鎮上居民參加的形式，在這樣的場合中，選的是具備企劃和提案力的團隊。這時我們決定，在說明自己的設計方案之前，先展現自己面對這個計畫的態度。我們除了告訴超過兩百名的來場者設計的進行方式外，也希望居民能夠珍惜「自己打造自己城鎮」的機會，此外也告訴他們：「我們設計團隊是大家的夥伴。」隨後說明的設計方案，也用素描畫出場景，讓居民可以聯想到各場所可能出現的光景與舉辦的活動。

審查後，我們接獲入選的即時通知而趕往福智町，從成立圖書館研討委員會時就開始負責的公所職員告訴我們：「一想到終於找到夥伴就鬆了一口氣，眼淚也忍不住掉下來。」審查委員長古谷誠章則給了我們這樣的評論：「對於公共設施而言，打從建設過程的階段就讓身為使用者的居民一同參與創造非常重要。因為當居民把

居民說明會時中學生提問的景象。設計團隊由右到左為大西麻貴、百田有希、原田祐馬、作者多田智美；最左方為鳥越美奈館長（攝影：Satoshi Nagano）

自己定位為夥伴、一同參與策畫時，自然就會產生情感，讓這裡成為能夠聚集人潮的設施。因此我很肯定這樣的設計態度。」

我們在確定入選後的居民說明會中，遇見了日後成為重要夥伴的國中生。他們基於「想要從福智町開始改變田川・筑豐的印象！」的想法展開活動，並且理解了我們的構想，於是「或許可以透過打造這座圖書館・歷史資料館來改變什麼」的想法，與「由我們建造」的想法就匯聚在一起。

⑥設計出開會的場域

正式啟動設計專案之後，地方政府的負責人、未來使用這個空間的各世代居民、當地民間企業等相關人員的圈子就逐漸擴大。另一方面，與各種不同想法、考量的人合作時，也不能採取尋常的方法。

我們在與地方政府的負責人第一次開會時，確認了定論裁決的流程、下決定時該與誰討論、如何討論等，整理出今後的會議形式，接下來便使用展示紙板進行問答工作坊。我們以綜藝節目的形式，提出了約三十道問題，譬如「請告訴我們在聽提案時讓你心動的瞬間」、「請告訴我們你覺得不太可能實現的項目」、「談到『如果能夠創造出某種光景就太好了』，你腦中浮現的是什麼樣的光景呢？」、「會讓你覺得『這種地方我才不想去呢！』的是什麼樣的地方呢？」等等。大家在展示用紙板上寫出答案後，數「一、二、三！」一起出示。出示答案時，掌握好節奏請他們同時回答，不給他們注意周圍眼光的空檔，如此一來，自然而然就能產生愉快接受彼此差異的時間。

團隊合作的十條守則中的第六條，就是「設計出開會的場域」。創新的事物，會在面對沒有特定答案的問題時所帶來的緊張感，以及意想不到的錯誤所帶來的樂趣與開放感的擺盪中誕生。會議既需要反覆理性討論的時間，也需要自由提出構想的時光，所以會議室的氣

參加活動的中學生（攝影：Yuma Harada）

氛，必須在緊張與和緩之間取得良好平衡。有時候也必須珍惜在聚餐、散步等輕鬆的場合下才能討論的事情。

⑦共同體驗，編織共通語言

基本設計進行到一半時正值暑假期間，我們在一樓的挑高空間搭起臨時帳棚，開設速成事務所，進行為期一週的設計宿營。這場宿營以公開製作的形式進行，眾人邊看著大模型邊檢討方案、製作建築模型與平面圖，並徵詢國高中生、家長、高齡人士等許許多多使用者的意見，展開資訊傳播的探討。

我們趁著翻新改建之便，運用建築物進行空間模擬，帶領大家邊逛館內，邊想像模型與電腦模擬無法傳達的情景，譬如「這裡的窗戶很大，通風與採光會很舒服吧」、「坐在這張沙發上，就能邊看著那座山邊發懶吧」等等，依此展開討論。如此一來創意自然能夠湧現，討論也會變得充實。再者，這裡也保留了一些町公所的機能，因此我們也獲得了町公所的訪客對這座小鎮的想法、需求與鼓勵。

此外，我們也實驗性地邀請各個世代的人來這裡進行「開館之後想要從事的活動」，譬如活用挑高空間的電影放映會、使用上野燒[7]的工作坊、製作網版印刷作品、在廣場舉辦說故事活動、或各帶一道菜的烤肉會等等，讓這個空間成為不同世代的人在愉快的氣氛中交換意見的場所，也讓眾人萌生期待開館的心情。

團隊合作的十條守則中的第七條，就是「共同體驗，編織共通語言」。換句話說，就是與年齡層、居住地、職業等背景各不相同的人共同工作，找出共同語言。譬如我們在打造福智之智時，也與福智町的政府職員一起前往山口縣的YCAM（山口資訊藝術中心）參考如何打造空間。除了空間之外，也能透過展覽、電影、書本等共通的體驗，有

7　**上野燒（上野焼）**　福岡縣田川郡香春町、福智町、大任町等地產出的陶器，歷史可追溯至江戶時期統管此地的大名細川忠興，一九八三年獲指定為傳統工藝品。

設計宿營。聚集了不同世代的人，彼此交換意見（攝影：Satoshi Nagano）

效地分享感想與發現。此外，雖然有積極參與的人，但也有不太熱衷的人。或者有些人雖然現在興致勃勃，但有時候也提不起勁。所以盡可能公開流程，讓大家可以抱持著輕鬆的心情共同參與，也是重要的態度吧。

⑧建立共同製作的機制

國中生也連日參加這場設計營隊，他們對著模型，想像使用空間的方式、協助製作模型、在鎮上進行調查。後來同伴一天比一天增加，回過神來已經變成連高中生也捲進來的大家庭了。如此一來，我們就希望能夠建立一個讓每個人都能自在活動的「機制」。

拿著「突襲採訪！」紙板進行採訪的國中生（攝影：Satoshi Nagano）

舉例來說，我們就為了調查收集居民意見，製作了電視整人節目經常使用的展示用紙板，包括上面寫著「福智之智完成中　突襲採訪！」的黃色紙板、以及寫著「福智町最想要的日本第一／世界第一圖書館，是什麼樣的圖書館呢？」「福智町不需要的超爛圖書館，是什麼樣的圖書館呢？」這兩個問題的紙板。有了這種讓人忍不住笑出來的形式，就能鼓起詢問陌生人的勇氣，驚人地收集到不同世代的聲音。

在宿營邁入尾聲時，還出現了關於資訊傳播的創意。最讓我印象深刻的是，有人說「我想創造出某種不單純只是圖書館或歷史資料館的事物！」於是

進行《福智之力》編輯作業的國中生，與從旁指導的本公司員工（攝影：Satoshi Nagano）

獨步全球？！浮雕立體壁面新聞《福智之力》

就從這句話中，誕生了製作附模型的浮雕立體壁面新聞[8]的點子，這個點子可說是獨步全球吧！我們把從擬訂編輯方針、思考媒體名稱與內容到採訪、拍照、撰稿、排版等編輯作業都傳授給國中生，以他們為中心製作。最後浮雕立體壁面新聞《福智之力》就設置在前赤池分所、各國中，同時也印出海報貼在鎮上。

此外，這些國中生也希望「我們需要一個機制，讓活動可以在我們畢業之後依然延續下去！」於是在他們的提議下，設立了不同學校、不同世代都能參加的圖書館・歷史資料館設計志工團「福智三角」。他們回應了「或許能為福智町帶來新氣象！」的期待，持續進行自主活動，成為計畫的推進力。

宿營的最後一天，我們舉辦了任何人都能參加的成果發表活動。挑高空間中搭起棚子，開設讓鎮上的人來此擺攤的市集。此外，我們也與福智三角一起邊看著由這一個禮拜的照片製成的投影片簡報，一邊對眾人發表計畫的經過與流程。不管是帶著參加者邊遙想開館後的模樣邊參觀的館內導覽，或是圖書館員的說故事活動，一個又一個的企劃，讓人等不及看到一年半後開館的模樣。這一連串的過程獲得好評，儘管福智之智尚未開館，就已經在以全國知識資訊資源機構為對

8　**壁面新聞（wall newspaper）**　在人潮經過的牆壁、佈告欄等張貼公布的手寫或印刷報紙。

象的「Library of the Year 2016」第一階段選拔中獲得提名！這個開心的消息也成為對我們的鼓勵。

團隊合作十條守則中的第八條，就是「建立共同製作的機制」。吸引眾人自動自發參與的計畫背後，有著強烈的熱情與仔細擬定的規畫。

⑨不忘採取客觀的角度，不執著於已經決定的事情

在基本設計即將進入尾聲時，我們前往義大利波隆那的薩拉波薩（Salaborsa）公共圖書館視察。為我們導覽這座圖書館的是被我們奉為聖經的《知識的廣場》（Le Piazze del sapere，暫譯）的作者安東妮拉・安紐莉（Antonella Agnoli）女士，她也是這裡的第一屆館長。這座圖書館可稱得上是不折不扣的「知識的廣場」。她還抽空聽了我們的計畫簡報，針對入口櫃檯的位置給了建議。因為入口對於營造自由的氣氛而言相當重要，為了打造出任何人都能隨意造訪的場所，櫃檯的位置最好設置在後方。她的建議彷彿醍醐灌頂。雖然這個時候區域分配已經幾乎確定，但回國之後經過激烈的討論，最後還是決定將櫃台安排在後方。

團隊合作的十條守則中的第九條，就是「經常質疑自己的決定，做到最好」。正因為是花時間累積而成的點子，所以更不應該執著，有時也需要從客觀的角度重新檢視，並且毅然決然地放手。如此一來自然能夠回歸自己原本的目標，正面接受犀利的建議。

⑩把想要實現的狀況託付給媒體

設計這座圖書館時，有各式各樣的人響應號召。而我們也希望透過紀錄讓更多人了解設計過程，以營造出等待開館的期待感。

於是我們從開館的一年前開始發行自己的網路及紙本媒體《福智之智完成中》（ふくちのちができるまで），藉此傳播資訊。我們想出的企劃除了介紹設計流程與內容的專欄之外，還有館長訪談、中學生的「突襲採訪！」、從研究者、料理人、藝術家等不同專家的觀點講解福智町的特輯等等。希望透過這些內容，讓人發現小鎮的魅力，開始想像或許可以做哪

「福智之智完成中」網路版（http://fukuchinochi.com/pre/）

些事情。

團隊合作的十條守則的最後一條，就是「把想要實現的狀況託付給媒體」。透過媒體可以預先描繪出理想中的狀況，與未來夥伴分享，把圈子擴大。「自己打造自己的城鎮」這個理想，光靠設計者無法實現，必須活用媒體創造發現夥伴的契機。但如果傳達方式錯誤，可能會使對方產生「關我屁事！」的反應，因此參與計畫的人，必須保持比平常更宏觀的俯瞰視角。

我試著根據福智之智的案例，想出了團隊合作的十條守則。無論是紙本、網路還是空間，也無論計畫的規模是大是小，在逐漸完成時所產生的期待感具有不可思議的力量，能夠讓人變得積極。重點就在於與專家、政府、居民等各種不同立場的人，在各個不同的場合中建立團隊。團隊合作雖然非常麻煩，卻也十分有趣。

②建立框架

4設計的方法：如何想出充滿魅力的版面

原田祐馬／UMA/design farm負責人

設計的四種功能

為了設計地方媒體，首先必須理解「設計」在地方發揮的功能，並試著從結合各個功能與自己的想法開始。接下來要介紹的是我們一直很看重的四種功能。這四種功能或許無法直接帶來豐富的表現，但說不定能夠激發豐富的想法。

①帶來魅力

製作地方媒體的人，想必都有希望透過地方媒體打造出來的「理想狀態」。為了將這個狀態具體呈現，就必須製作有魅力的版面。什麼樣的版面算是有魅力呢？絕對不是各個要素排列整齊的版面，因為傳達製作者的想法，才是媒體最主要的目的。製作者必須想像讀者的面孔，面對一項又一項的內容，嘗試最有魅力的表現。這樣的嘗試化為版面，想必就能把製作方濃厚、強烈的心思傳達給讀者。舉例來說，在香川縣豐島發現的《島嶼廚房新聞》（島キッチン新聞）就讓我相當感動。

「島嶼廚房」是二〇一〇年瀨戶內國際藝術祭時成立的計畫，希望透過飲食與藝術創造人與人交流的場所。當初發行《島嶼廚房新聞》是為了宣傳，但我拿到的已經是值得紀念的第五十期了。在紙面上開展呈現的，是透過媒體創造的相互關係，這樣的關係可稱得上是地方媒體的理想。這份刊物的所有內容，都由瀨戶內國際藝術祭的志工團體小蝦隊隊員手寫而成，採取A3版面單色印刷（大概是使用簡易輪轉印刷機印吧）。雖然成本超低，但即使是與這塊土地毫無關係的我，拿起這份刊物時也能理解他們希望透過紙面孕育社群的想法。版面上散佈著各式各樣的要素，其中「找找哪裡不一樣」的欄位讓我藏不住驚訝。我一開始有點小看這個時代的「找找哪裡不一樣」，但試玩之後發現非常難。我在搖晃的渡輪中，拚命尋找兩張圖中不一樣的地方。後來

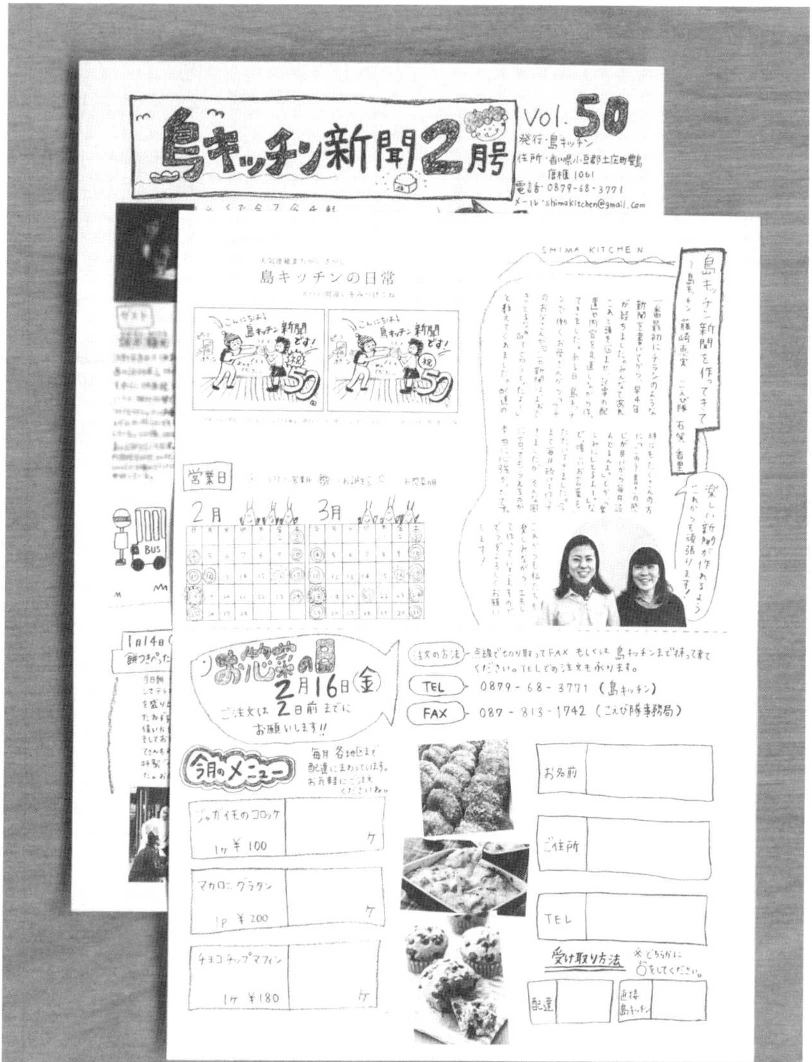

《島嶼廚房新聞》：島嶼廚房與島民交流的新聞，全部由手寫構成。版面每個角落都傳達出空間場域與製作者的氛圍。（發行者：島嶼廚房　提供：瀨戶內國際藝術祭志工團體小蝦隊）

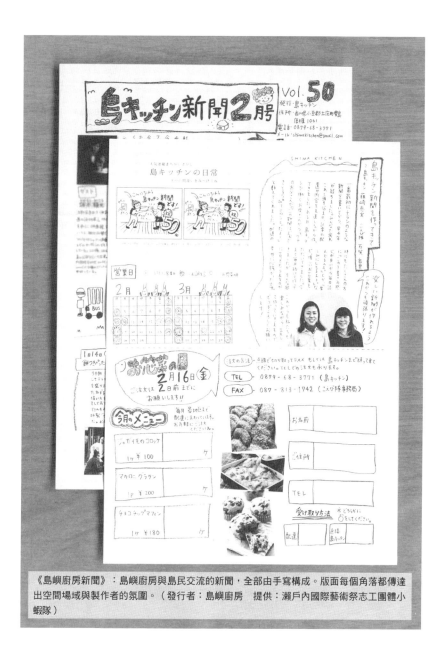

才發現圖裡面到處都有不一樣的小細節，雖然小到鄰居的老花眼歐吉桑應該看不到的地步，但這些細節也使刊物產生樂趣。製作有魅力的地方媒體，或許也可以想成是創造愉快的讀者吧。或許因為這是值得紀念的第五十期，因此也刊出了來自附近居民鼓勵的訊息，有人寫著「我每次都很期待島嶼廚房新聞送來」。我想這應該不是客套話，而是他真的很期待。所謂有魅力的版面，或許就是將讀者引頸期盼的願景化為實體。

②組合

其次，如何將想要傳達的要素組織在一起也是重要的工作。當我們興致勃勃地想要製作版面時，最先想到的應該是Illustrator、Photoshop、Indesign等高度專業的軟體吧（但我在功能①也提到，只要能夠傳達想法，手寫也無所謂，不需要使用專業的設計軟體）。但排版只是媒體製作流程中的一部分。首先必須從召開企劃會議，決定內容與受訪者開始。接著才是撰寫原稿、排版、印刷、派送（或是在網路上公開）。雖然不少地方媒體都由一個人完成以上所有步驟，但原則上必須與編輯、寫手、攝影師、設計師、讀者反覆對話。有計畫地組織、參與這些流程，然後因此而引頸期盼派送的瞬間，是相當重要的事情吧。畢竟製作地方媒體是一項需要高度當事者意識的工作，沒有標準流程，必須隨時不畏懼變化，迎接挑戰。

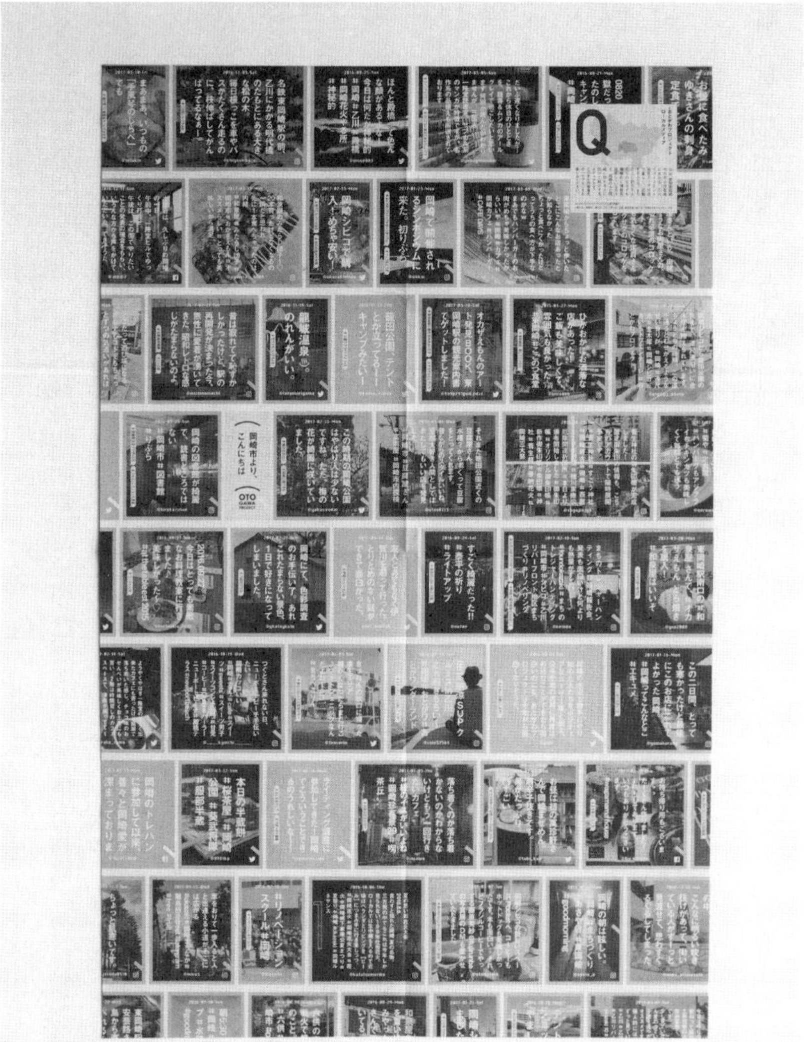

《地方媒體Q》：透過社群網站重新編輯資訊的海報型免費刊物，以方格狀版面提高可讀性。把照片做成貼文的背景，透過設計可以看出它希望藉由文字傳達魅力的態度（發行者：岡崎市　企劃·資訊收集：NPO法人岡崎城鎮育成中心·LITA）

大家知道《地方媒體Q》(ローカルメディアQ)嗎?這是在愛知縣岡崎市中心,以「挑戰設計生活與公共的未來」為口號展開活動的乙川計畫所發行的地方刊物。這份刊物是B2全彩雙面印刷的壁面新聞,如實介紹了岡崎市的生活。它的製作過程非常有趣,編輯部首先透過社群網站搜尋關於岡崎市中心的貼文,找到適合的貼文後,就聯絡發文者徵詢是否可以刊登。等到貼文累積了一定數量,就依照方格狀的版型排列並發行。發行後的《地方媒體Q》被貼在牆上,再度與街道融為一體。其實我也是接到編輯部聯絡的人之一,原本覺得有點可疑,但完成之後卻升起了一股不可思議的感覺。我被捲入這個計畫時,只是其中一名想到這座城市的當事人,然而回過神來,就喜歡上了岡崎市。這份刊物每期都會舉辦發行紀念派對,讓生活在東京、大阪、岡崎的人,不只可以在紙面上聚集,也為大家準備實際見面的機會,真的相當驚人。如果可以像他們這樣組織起超越媒體的場域,大家也會像我一樣為之著迷吧。

③成為媒介

地方媒體的英文「Local Media」,也可以翻譯成「區域媒體」,但以區域資訊為主的報紙稱為「地方報紙」,因此翻譯成「地方媒體」或許較為適當。而設計的第三個功能就是「成為媒介」。請注意,是「媒介」而不是「媒體」。媒體的重要價值在於傳達資訊,但媒介重視的是將它包含

《naranara》：免費雙語刊物。理念是透過旅行，在奈良與外國觀光客之間創造幸福。版面雖然以英文為主，但使用大量插圖，以達成非語言溝通為目標（發行者：東吉野村＋C's Create　總編輯：赤司研介　編輯：MUESUM　設計：UMA/design fram）

在內的行為以及與活動相關的人。如果你是在地方生根的設計師、或者想要成為這樣的設計師，媒介就會是重要的關鍵字。首先，成為媒介有兩個方法。第一是親自發掘自己所在區域的課題，針對這項課題把各種要素組合起來（功能②），製作出有魅力的版面（功能①）。第二，如果你只是模模糊糊地想為地方帶來某種貢獻，就去尋找能夠一起前進的夥伴。但是，夥伴該怎麼找呢？首先就從身邊想要從事新事物的人找起吧。親自打造便於接收消息的情境、使用社群網站等豎起耳朵傾聽，就是重要的態度。保持自己的靈活度，只要遇到稍微有點在意的人，就找他喝杯咖啡聊聊自己感興趣的事情。多重複幾次對方自然就會成為自己的夥伴，產生著手做一些小事的契機。

我想要告訴大家一個成為媒介的例子。大家知道《福井新聞》嗎？這份報紙在當地擁有約八〇%的市占率。由於該報社有「社區營造企劃組」，所以他們在這座城市中扮演的角色，就從報導活動跨足到社區營造的實踐，可以說既是媒體也是媒介的稀有存在。他們在城市裡打造共同工作空間、與當地設計師聯手，發起「FUKUI FOOD CARAVAN」美食企劃，向當地人學習食材相關知識、一起招待顧客，舉辦多樣化的活動。「如果缺乏題材，就大家一起創造題材」這一股潛力讓人十分欽佩。我想，做這樣的事情不需要報社的龐大資本，只要自己決定成為媒介就能去做。他們出色的活動讓我發現，地方媒體既是我們的代言者，也是促使我們行動的事物。附帶一

《繩紋ZINE》：融入多樣觀點，思考「繩紋是什麼？」的免費刊物。風格強烈的設計相當符合內容（發行者：nilson design studio）

《DOMDOM支援雜誌 DOMain》：以目錄般的編輯設計，傳達日益衰退的DOMDOM漢堡的魅力（發行者：DOMDOM聯合協會　編輯：末日旅行者）

提，我與許多地方上的人聊過之後發現，最常聽到的煩惱就是「鄉下地方沒有設計師」。雖然造成這個現象的主因在於地方的人不知道該如何找設計師，但也希望日後想在地方生根的設計師，不要只是設計物體，也要更積極地採取行動和活躍，成為街坊鄰居談論的對象。

④建立與過去不同的關係性

接下來是最後一項功能——建立與過去不同的關係性。無論是紙本、網路、還是場域，媒體製作雖然始於連結起製作者與目標使用者，但思考該如何不侷限於目標使用者，也送到原本以為無緣的人手上，以及送到後的未來都相當重要。為此我們該做些什麼呢？該做的就是創造出符合理念的踏實設計。日本各地都創辦了許多地方媒體，但我覺得很多媒體蒐集的內容、採用的設計看起來都差不多。雖然參考前人的作品並從中學習相當重要，但我也希望在參考的時候，能夠去感受製作者的態度與理念，譬如為什麼要採取這樣的設計、為什麼會這麼有趣等等。雖然有人說「學習」的語源是「模仿」，但如果只是模仿「看起來好像不錯」的部分，很難不受目標使用者侷限，更無法獲得想要的未來吧。所謂具體、踏實的設計，即使沒有一切都完美到位也無所謂，重點在於至少需要一項能夠展現自己理念的事物，或許是命名、或許是一張照片、或許是一句話。對於製作團隊而言，針對這個部分仔細討論可以說是很重要的事。

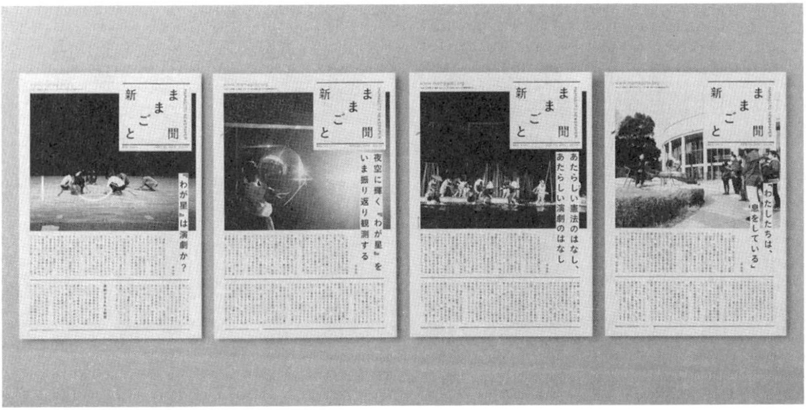

《扮家家酒新聞》（ままごと新聞）：扮家家酒劇團的刊物。為了將多元化的扮家家酒活動持續流傳下去，讓人想收集的期數就擴大發行。採取的是像報紙一樣版面單純的設計（發行者：扮家家酒　編輯：熊井玲　設計：UMA/design fram）

雖然有點像是在吹噓，但我想舉本公司參與設計、監製的《naranara》做為例子。《naranara》是免費雙語刊物，目的是為了帶給從海外造訪奈良的觀光客「奈良獨有」的感動。這份刊物從二〇一二年開始發行了四期，現在擔任總編輯的 Slow Culture 赤司研介先生，以及負責編輯的 MUESUM 團隊，依然不疾不徐地持續作業。事實上，這份「緩慢」正是《naranara》重要的特質。第一、二期或許因為介紹的是奈良的市中心與觀光區，製作過程相當順利，也從海外觀光客之處得到了許多迴響。但是第三期想要製作介紹山邊地區魅力的特輯時，卻產生了一個小小的疑問。即使拿起這份刊物的外國觀光客想要來此地旅遊，也沒有能夠以英文接待他們的店家或導覽。於是總編輯做出了一項重大決定——組織英文導覽志工隊，著手建構跳脫平面媒體的關係性，讓奈良獨有的感動能以超越紙面的形式傳達給觀光客，而這也是《naranara》的理念。經過了一年以上準備，第三期才終於發行。我想如此一來，除了造訪這裡的旅客之外，當地人也成為資源，提出了產生新關係的可能性。希望大家能夠柔軟地觀察這個社會，在可能誕生與過去不同的關係性時，不要錯過這一瞬間。

構思地方媒體與設計時，重要的是創造共鳴。如同前述，我認為設計不是單一方向，而是雙向、多向，是具備自律性的態度。這樣的態度產生共鳴，培養出創造、傳達的力量。希望大家可以製作出充滿魅力的版面、組織整體過程、跨出成為媒介的第一步，建立與過去不同的關係性。

《小豆島與茨木／茨木與小豆島》：小豆島町與茨木市是持續25年的姊妹市，而這份刊物就是為了加深兩地關係的免費刊物。希望由媒體扮演親善大使的角色，傳達彼此的魅力。當地孩子手寫的壁面新聞，讓版面呈現出愉快感與多樣性（發行者：小豆島町、茨木市　編輯：MUESUM　設計：UMA/design fram）

《福智之智完成中・紙本版》：福智町圖書館・歷史資料館「福智之智」發行的免費刊物，用意是傳達福智之智從開始建設到完成為止的過程。除了紙本之外，也同時製作網站，用心地將訊息傳達給各個地區或世代（發行者：福智町教育委員會　生涯學習課 公民館組　企劃：o+h、MUESUM、UMA/design fram　編輯：MUESUM　設計：UMA/design fram）

《make.FUKUI／find.FUKUI WONDERS》：「通往未來　福井魅力化計畫」製作發行的刊物。創造福井的魅力與未來的紀錄「make.FUKUI」、遇見・發現新的福井「find.FUKUI」合訂本。除了紙本刊物外，也會同時透過網路發送資訊（發行者：福井市　監修：RE:PUBLIC、福井新聞社　編輯：MUESUM　設計：UMA/design fram）

②建立框架

5 網站營運術：從關於收益的嘗試開始談起

原田一博／《枚方通信》編輯部

1 專屬地方居民的閒聊題材雜誌

枚方通信是大阪府枚方市（截至二〇一七年十月止，人口為四十萬四三五五人）專屬的地方網路媒體。枚方市的特徵是位於大阪與京都之間，占地絕佳，或許因為這樣的關係，戰後這裡興建了大規模的社區住宅。這樣的背景使這裡成為臥房城市[9]，人口逐漸增加。枚方出身的名人包括既是偶像也以演員身分活躍的V6成員岡田准一、藝人森脇健兒、搖滾樂團聖女貞德（Janne Da Arc）、UNDER GRAPH等等。此外這裡還有在關西的來場人數僅次於環球影城的「枚方公園」，

9 臥房城市（commuter town）大都會周邊發展出的一種衛星城市，擁有大片住宅區及通往都會中心相當便捷的交通系統，使通勤族得以白天在都會工作，夜間回到此地歇息。

《枚方通信》以每天7篇左右的頻率出刊，提供「枚方最難走的坡道排行榜」等有趣的報導，以及開店・倒閉資訊等與居民密切相關的內容

而日本全國知名的書店兼CD、DVD出租店TSUTAYA也在枚方創業。

《枚方通信》就侷限在枚方市這個區域，以每天大約七篇的頻率出刊，提供幾乎只有當地市民才知道的閒聊話題，譬如「某某便利商店倒閉了」之類的開幕・倒閉資訊、美食資訊、店家介紹等，與居民密切相關的消息。

《枚方通信》創刊於二〇〇八年，原本是現任總編輯本田一馬的個人部落格，後來在二〇一〇年法人化並發展成事業，演變成為現在的營運體制。或許因為本田原本是搞笑藝人，隨著這份媒體在枚方的認知度提高，也有愈來愈多機會獲得枚方市的宣傳刊物、電視、雜誌、報紙等媒體報導，點閱率也順利增加。現在已經成長到每月有三百萬的瀏覽人次、四

15名年紀相近的員工，經營網站、共同工作空間、枚方不動產、活動事業等等

十五萬名不重複使用者。而身為總編輯合夥人的我，也在這段期間致力於營運事業。

《枚方通信》現在共有十五名員工，以地方媒體事業為主軸，同時也透過自行營運與輔助他人營運手作市集，參與地方的活動事業。我們的目標不只是建立網路空間，也希望打造實體場所，因此從二〇一六年開始經營共同工作空間。雖然每個事業都已經分配好寫手等職務，但負責規劃與運作活動事業的員工有時也會撰寫《枚方通信》的報導。

關於收益的嘗試

①從橫幅廣告開始

《枚方通信》的主要收益來自廣告。雖然我們當初創辦《枚方通信》，是因為覺得當地人想要的資訊太少了，但如果想要持續經營下去，當然也就必須考慮收益面。於是我們就想到，枚方市內的各個車站，都掛出了許多廣告看板，只要其中部分業主願意購買網站上的橫幅廣告，不就做得下了去嗎？於是就開始經營這份媒體。

初期的廣告收益，確實來自網路媒體的基本獲利來源——橫幅廣告。我們最早從刊登GoogleAdSense開始，並在網站內刊出「廣告募集中」，接著從第二年開始就逐漸收到刊登橫幅廣告的申請了。

雖然橫幅廣告具有容易入門、簡單清楚的優點，但刊登的位置、曝光次數（impression）、點閱數等卻是決定價格的重要因素，在初期訪客人數不夠充分的時候，對於收益的貢獻極為有限。而且當時的廣告只侷限在橫幅廣告，也沒有把文章本身寫成業配的想法。

光憑這樣的初期體驗，以及其他地區的經營者的經驗，地方媒體很難從第一年就開始獲利。若是考慮經營長期事業，或許得做好三年零獲利的準備。

由此可知，如果沒有準備資金，或者兼職確保生活所需的收入，就可能導致文章更新頻率降低、內容品質下滑，最後產生焦慮，也對公司的經營帶來不良影響。

②撰寫讓人讀了有收穫的業配文章

隨著每月的訪客人數增加，關於刊登廣告的洽詢也開始變得愈來愈多，接著就有人來詢問：「可以幫我們寫篇文章介紹嗎？收費也沒關係。」但是我們有點抗拒寫業配，所以對於這樣的要求興趣缺缺，一開始的「業配文章」只刊登業主提供的材料，我們不經手編輯，將宣傳文章與報導文章分得一清二楚。

另一方面，橫幅廣告也有問題點。連過去的網站由業主準備，因此有時內容不夠充分。不少案例都讓我們感覺到，即使將大量《枚方通信》的訪客帶往到業主的網站，如果訪客獲得的資訊不足以使他採取行動，也無法帶來成果。但即便如此，業主也會認為反應不佳的原因出在《枚方通信》，這個狀況讓我們覺得相當為難。

畢竟發展事業需要廣告的收益，我們在公司內部開了好幾次會討論，終於決定正式開始接業配。

業配的重點在於盡可能做出《枚方通信》的特色。就算是廣告，我們的目標依然是寫出讓讀者想讀的文章，所以在企劃、採訪、製作方面所花的力氣，甚至比一般報導還多。我們能讓讀者在讀了文章之後覺得有趣、也獲得了有用的資訊，於是我們就抱持著這樣的意識，逐漸完成業配文章。

討論中的枚方通信廣告團隊

2 撰寫業配文章的四個要點

①從自己感興趣的領域拉廣告

後來我們發現了幾個拉廣告的要點。

第一點是從我們這些經營者本身感興趣的領域尋找業主。我們在早期受到「GURUNAVI」或「HOTPEPPER」等美食資訊網急速成長的影響，也曾試著從本身並不特別感興趣的餐飲業拉廣告。但或許因為我自己本身原本就有慢性病，與美食缺乏緣分，對於餐飲店的廣告也沒什麼深刻的印象，因此餐飲店的廣告完全無法增加。

相反地，我個人對於不動產就非常感興趣，平常甚至會關注與事業無關的房地產資訊，於是我心想，不知道能不能以有趣的方式，在《枚方通信》介紹有趣的物件，後來就在房屋租賃業者的協助下，開始製作介紹房地產物件的「枚方不動產」單元。

當地的分租公司看了枚方不動產之後，便提出要求「你報個價，也幫我們用同樣的方式介紹吧」，於是我們開始幫他刊登。後來當地的不動產公司，就接二連三地跑來提出刊登廣告的要求。

我們的廣告主打不同於傳統不動產入口網站的特徵，譬如即使沒有特別意識到「廣告」效果，也能提升對不動產的好感、對於物件的介紹涵蓋到相當細節的部份、帶點不正經的要素等等，也帶來不錯的結果。

由此可知，如果是自己感興趣的領域，就能毫不勉強、甚至是自然地發現各種不同的可能性。反之，如果只是因為景氣良好、或其他公司經營順利等理由而投入某個業界，最後終究會流於複製別人的成功案例，難以拓展該領域的可能性。思考該以哪個領域的業主為目標時，適不適合自己相當重要。

②理解對方的廣告預算

第二點則是理解業主的廣告預算。大家或許會覺得這點理所當然，畢竟很難從沒有廣告預算的企業拉到廣告。而且不只網站，所有地方媒體難以獲利的問題點，想必都出在接觸的全是廣告預算低、甚至是完全沒有

こんにちは、ばばっち@ひらつーです
今回は株式会社トラスティ飛鳥さんから、トラストプレイス春日元町をドラマ仕立てでご紹介します！！
その名も
『家なし子』

枚方不動產的物件介紹報導。我們會為每個物件編一則故事，介紹得仔細又有趣。這個物件的設定是，有一名找房子的少女「無家子」，從車站下車後，遇到當地的店家與居民，最後來到我們想要介紹的地方

預算的個人店家或是中小企業吧。再說，即使刊出廣告，也不保證能有效果。

如果是原本就有充分的廣告預算、定期推出廣告的企業，就能理解廣告的效果與重要性，因此會以一定程度的間隔持續買廣告。但如果是不習慣買廣告的中小規模業者，難免就會對費用及效果特別敏感。

我們談的不是好或不好的問題，而是供給與需求的問題。如果沒有需求，不管廣告做得再好都賣不出去。地方媒體初期靠著少數員工以及有限資源來經營的情況更是如此。與其創造需求，不如鎖定有需求的目標，這才是邁向收益化的第一步。

舉例來說，在尋找可能下廣告的企業時，我建議去瀏覽當地企業的網站。畢竟想要創造收益，就必須了解自己經營的地區有哪些企業，而這些企業又分別在哪些媒體推出了哪些廣告吧。

其中，網站內容較充實的企業，多半也對網路廣告較有興趣。至於網站做得不是那麼好，但名聲響亮的企業，日後也很有可能想要經營網路空間。《枚方通信》就透過這樣的過程，深入挖掘不動產的領域，由此帶來收益。

③讓文章自己拉廣告

第三點則是，業配文章本身才是最強的業務員。常有人問我：「該怎麼跑業務呢？」但其實我們不太跑業務的。

我們明明不跑業務，但廣告卻能持續增加，這是因為雖然「人」不跑業務，但業配文章這位優秀的「業務員」，每天都在《枚方通信》上拉廣告。相較於夾報傳單或地方刊物等平面媒體的廣告，企業或許還不是那麼習慣購買地方網路媒體的廣告吧，所以給予他們廣告會如何呈現的具體印象就相當重要。

事實上，企業買廣告時，也經常以「我們想要寫成像某某企業的感覺」為條件提出委託。過去的業配文章，對客戶而言是很好的範本，因此顧客來諮詢時，我們也會把過去的文章當成刊登實例，與目標受眾及讀者資料等媒體自身的介紹資料一併寄過去。如此一來，客戶就比較容易掌握業配文章的印象，投放廣告的門檻也會降低。

總而言之，初期就算是特價或者免費都好，總之請不斷地把自家媒體有在接業配的訊息傳播出去，就結果而言就能達到最佳的宣傳效果。

④把媒體和文章本身確實製作得夠有趣

我雖然針對拉廣告做了許多說明，但製作廣告時最重要的，還是得把包含一般文章在內的媒體本身做得有趣，用心製作讓人每天都想讀的媒體，因為潛在的廣告業主就隱藏在讀者裡。換句話說，能否將讀者轉換成廣告業主是一件重要的事情。因為身為讀者的廣告業主，如果讀了之後不覺得有趣，自然就會湧現「這種廣告誰會看啊？」的疑問，如此一來就不會想要投放廣告了吧。

首先要讓他們認知到這是一個可以讀到有趣文章的網站，其次才是讓他們知道這個網站也有在接業配，畢竟在這時候，如果業主無法想像刊登出來的廣告，也比較難投放。招募廣告的頁面，則必須盡可能寫出價格與申購辦法，就算寫得簡單一點也無所謂，此外也要標明洽詢電話等資訊，盡可能把心思花在降低門檻，不要被「網路」的概念侷限住。我想這個部分是製作廣告時最重要的事情。

《枚方通信》的獲利重點，很大一部分靠的就是像這樣一點一滴累積起來的知名度滲透進業主的心中。

3 活用品牌力，尋找廣告以外的獲利來源

確立了品牌之後，就能專心思考日後的文章該如何獲利。以前述的不動產業配文章為例，我們撰寫的文章對於成為客戶的不動產公司而言就是宣傳廣告，因此他們會為此支付廣告費，成為

我們的利潤。

但如果廣告變得太多，也有損害品牌價值的疑慮，因此業配文章的比例，必須控制在所有文章的二至三成以內。不過業配文章是獲利關鍵，因此也必須不惜投入比一般文章更多的時間與人力。

然而，想必有不少地方無法找到充足的廣告業主吧。在這種情況下，與其去拉廣告，透過自己辦活動、賣產品、媒合等方式獲利，也是一種方法。如果是辦活動，文章就變成活動公告，票價與攤位費等則轉換成收益；如果是賣產品（電子商務），文章就變成商品介紹，至於收益則來自產品的營收或販賣手續費。事實上，本公司也曾接受倒閉店鋪的店主委託，媒合想要開設新店鋪的人。由於媒合成功才收錢，因此也必須承受即使刊登也不保證能夠獲利的風險，但如果成功，就能帶來龐大的利潤。由此可知，文章不僅能夠成為廣告，也隱藏著許多獲利的可能性。

實際上，本公司也舉辦活動並經營共同工作空間。透過主辦、協辦活動、接受委託等，獲得經營委託費、攤位費、入場費（參加費）、贊助金等收益。辦活動最難的就是集客，無論活動本身多棒、多有魅力，如果消息傳不出去，就無法聚集來場者。所以主辦單位通常需要支付廣告費以宣傳活動，但如果在《枚方通信》上宣傳，就可以省下宣傳廣告費，於是利潤也會提高。

只要能以少少的廣告宣傳費招攬客人，活動就有高度的獲利潛力。但企劃的內容依然重要，

我們接受枚方家具社區協同組合的委託，在家具社區舉辦市集。除了家具的攤位之外，還有帳篷、遊樂設施、工作坊等約70個攤位

《枚方通信》經營的共同工作空間。會員約30名，共有44個座位

也會耗費人手與心力，因此事實上也有可能付出與收入不成比例。所以能否活用《枚方通信》的品牌力，讓讀者變成活動的參加者、擺攤者，或許就是獲利的關鍵。

在共同工作空間方面，我們標榜由《枚方通信》經營，透過文章招募使用者。我們也重視會員之間的交流，除了提供辦公的空間之外，也定期舉行交流會。此外，由會員擔任老師，傳授自身技術的「枚方學校」，也將學習空間與招募會員串聯起來。

這個擁有四十四個座位的空間，現在約有三十名會員，每天都相當熱鬧。共同工作空間雖然無法成為廣告收入，但如果使用者增加，就能收取更多的使用費，進而增加收入、帶來利潤。這個部分的關鍵，在於如何把讀者轉換成使用者。

《枚方通信》的經營就如同上述，每天都思考著該如何將文章化為收益。我再次體會到，網站的原創性與文章的品質才是提升地方媒體的品牌力，並連結到經營的關鍵。

③打造細節

6 採訪&訪談術：問出真實心聲的街訪

盛田希／星羊社．《濱太郎》總編輯

1 從零打造鎮上的迷你兩人出版社

橫濱關內車站前的伊勢佐木商店街入口，有一棟一九二六年（大正十五年）建造的大樓，出版社「星羊社」就在二〇一三年八月成立，並進駐這棟大樓裡。這棟位於伊勢佐木町的懷舊風格樓房，建造於關東大地震後不久，躲過了橫濱大空襲，從戰前至今，見證了這一帶的鬧區發展史。當初成立出版社時，我對於想要製作的書本尚沒有明確的願景，但因為租用了這棟大樓的其中一室，方向性就自然而然地確定下來。

撰寫橫濱下町[10]酒館文化的地方情報誌《濱太郎》（はま太郎）在二〇一三年十二月創刊。

10　下町　城市中靠近河邊、海邊的低窪地區，或者從久遠以前便有多數庶民聚居的街區。

這份刊物腳踏實地持續發行，截至二〇一七年十二月，已經發行了十四期。

星羊社是我們夫妻兩人共同經營的公司，我與負責人星山健太郎從採訪到撰稿、編輯、發行後的業務等，全都親力親為，經營型態彷彿家庭手工業。

公司成立之前，我曾在某個以學術出版為中心的中小型出版社擔任編輯助理，後來以自由作家的身分工作了三年左右。成立公司時，雖然並非完全沒有出版相關知識，但從零開始創辦自家媒體，打造製作書本的根基，依然需要遠遠超出當初想像的努力。

因為雜誌默默無名而必須付出許多勞力、因為缺乏人脈所以沒有強大的情報網、

辦公室所在的伊勢大樓

因為被當成大型出版社對待，導致與受訪者溝通不足等等，雖然遭遇的困難不勝枚舉，但發行至今也過了四年，儘管還有許多生澀的部分，但我想我們也揣摩出一套屬於自己的採訪路人真實心聲再將其寫成報導的手法。

構思聚焦在地域性的企劃，依此約訪

採訪酒館時，有些老闆會對我們說「採訪我們也問不出什麼了不起的事情，我想沒什麼意義」，或是「我們也不是什麼名店，只是做得比較久而已，應該沒有值得寫成報導的題材吧」。當他們這麼說，有時是客氣地婉拒採訪，但也有不少只是因為謙虛。雖然兩者非常難以分辨，但我們會邊拿出過去發行的雜誌，邊向他們說明，我們想要報導的，不是以「美味又便宜的橫濱美食」等標語拾綴而成的資訊。

譬如「流傳三代的下町洋食店漢堡醬，為什麼會那麼香呢？」、「吸收了積年累月的酒漬與菸漬，變成焦糖色的酒館櫃台的變遷」、「戰前存在至今的地標大樓地下室發現的壁畫由來」等等，才是我們想要採訪的內容。

撰寫橫濱下町酒館文化的地方情報誌《濱太郎》。2013年12月創刊

這些資訊，都是只有生活在當地，日復一日自然而然持續定點觀測的居民才能發現其價值，也才能產生共鳴。

橫濱有一區從黑市發展起來的鬧區，名為「野毛」。由於《濱太郎》設定的讀者群是住在橫濱，五十歲以上，喜歡獨自喝酒的男性，所以我們時常造訪野毛，與待在酒館的常客閒聊，並從中構思企劃。由於我不是出身當地的人，所以這更是我了解地方實情不可或缺的方法。

我最直接的感想是，橫濱的人雖然很自豪這裡是西洋文化的發祥地，但對於這兒散發出生活氣氛的庶民面向，也有強烈的執著。現在的港未來區擁有三菱重工橫濱造船所（通稱「船塢」），因此有些人會

從黑市發展出來的鬧區—野毛小路

回憶船塢村形成時的熱鬧；而中村川停靠著許多駁船，所以有些人會討論起住在船中，生活在水上的人們。這座城市擁有三百七十萬人口，每天都有令人眼花撩亂的變化，但我希望透過在酒館確認、分享當地人捕捉到的「不加矯飾的橫濱原始風貌」，製作出更貼近讀者感受的內容。

我與採訪的人，彼此都對橫濱這座城市的想法有所共鳴，而報導的內容就這樣定了下來。

採訪之前，我會先調查周邊環境與地方的歷史。舉例來說，如果事先查到「這一帶曾有許多給港灣工人居住的簡易住宿設施」的背景，那麼即使現在採訪的是像料亭一樣雅緻的店家，眼前也會浮現上一

採訪工具：筆、筆記本、錄音筆、掃描器、手機

代的老闆娘，以氣勢十足的酒鬼為對象，毅然經營店鋪的身影。而這樣的背景，也能成為了解現任老闆為人的線索。

此外，我也會帶著掃描器，盡可能請受訪者提供記錄了店內變遷的不同年代的照片，並且掃描成數位檔案保存下來。我也會經常根據照片探詢過去的回憶，所以往往能夠透過照片拍攝當時的酒菜價格看見庶民文化，並且發現連當地人也幾乎遺忘的故事。

長年居住在當地的人所掌握到的「平凡無奇的日常」事實當中，隱藏著喚醒懷舊鄉愁的機制。我想，能不能以此為題材，讓人覺得「正因為是現在，所以會讓人覺得新奇」，並且把這樣的言外之意傳達給受訪者，將成為採訪時的重要關鍵。

2 從採訪到成書的一貫原則

①以「個人」對「個人」的身分交流

從約訪到成書的過程中，我向來遵守一項原則：我與對方不是彼此分別站在出版社（或團隊）與店家的立場，而是不忘保持我們都是生活在同一個地區的個人的對等態度。

雖然有時候透過與受訪者的共同友人介紹，能夠讓我從約訪順利進到採訪，但這也是因為擁有個人之間的信賴關係，才能依靠這樣的手段。舉例來說，《濱太郎》從創刊號就開始連載一個名為「市民酒館聯盟」的單元，這個單元的企劃以介紹橫濱特有的老店餐飲聯盟的歷史與酒菜為主軸。創刊號採訪的市民酒館A的老闆，對我們的刊物很感興趣，於是便為我們介紹了市民酒館B的老闆。但是我們的媒體沒沒無聞，B的老闆對於採訪也沒什麼經驗，因此我們去跟他打過招呼的隔天，B就打電話給A表明自己的不安。但無論如何，我們最後好不容易能夠順利採訪，都是因為老闆A的支援。

②不辭辛勞地親自拜訪、說明

此外，我也曾好幾次想要採訪私底下造訪的店家，但在沒有任何人介紹，過去也完全沒有告訴老闆我在經營出版社的情況下，必須花點時間才能讓他對這份沒有名氣的雜誌感興趣。《濱太郎》雖然已經不像創刊當時那麼缺乏知名度，但依然幾乎所有的老闆都沒聽過，因此約訪時必須不辭辛勞地從說明媒體與採訪的意圖開始。

「其實呢，我們是這份雜誌的編輯，而且這份雜誌就只有我們兩個人在做。」從這樣的自我介紹開始，到對方願意讓我們報導為止，必須做好至少得去三次的心理準備。面對突如其來的約訪，雖然極少數的老闆會立刻答應下來，但也有一些老闆，即使我們曾以客人的身分造訪，依然驚訝、猶豫，甚至還有老闆心生警戒，問我們：「這該不會要收錢吧。」

③一點一滴展現出自己的人情味

約訪對我而言是最緊張的過程。我所敬愛的編輯曾說過「這樣的心情就像上場比賽前的拳擊手」，他的形容十分貼切。有時候不巧對方身體不舒服，沒有餘力答應，有時候也會因為我不經意的失言而留下壞印象。即使原本答應採訪，也會因為某個環節出了錯，而得到截然不同的回答。畢竟要不要接受採訪是對方的自由，所以我希望能夠抱持著「搏感情」的想法前去造訪。

在搏感情的過程中，透過無關痛癢的對話，逐漸確認老闆的人格與店的個性，同時一點一滴地展現出自己的人情味，也是重要的工程。

譬如，假設採訪的是家庭式經營的店家，我們就可以說自己的出版社也是一樣，和大型出版社相比效率不佳等等，有時候也穿插著自嘲，與對方一起談論自營業特有的辛苦。

④盡可能在不造成困擾的時段，以不添麻煩的方式採訪

一旦開始向對方徵詢是否接受採訪，就必須回歸初心。隨著採訪經驗增加，我們往往容易忘記，對於受訪者而言，刊登在小小的地方情報誌上絕對得不到什麼太大的好處，反而還抽出了寶

貴的時間，幫助我們製作理想中的書。所以我會告訴他們「以你們方便的時段與方式為主」，藉此多少消除一點接受採訪很麻煩的印象。但如果對方年紀大了，或許也想要保有現在安穩的生活。此外，即使已經釋出了最大限度的體貼，還是會碰到店家的方針就是不接受採訪、或是解不開拉廣告的誤會而不得不放棄的情況。這種時候，只要能夠回歸生活在同一個地方的「個人對個人」這個原點，就能理解為了製作雜誌而勉強別人也沒有意義。

⑤即使失敗也不懊悔

做採訪的關鍵是即使失敗也不要太過遺憾，無論採訪是否成功，只要繼續住在

都橋商店街

同一個地區，這樣的人際關係就將持續下去。所以日後在不同的時機，依然有機會以和過去截然不同的印象再次見面。

3 訪談方法

①好的訪談

我覺得能不能完成一場好的訪談，端看受訪者能夠保有多少自然的樣貌。因此就印象而言，必須用心營造出鄰居閒聊的氣氛。

舉例來說，任何人在面對錄音的前提下，我想都會比較拘謹，所以我在訪談時盡量不使用錄音筆。此外，拍攝照片有時會打斷對話的流暢節奏，因此請等到訪談進入中盤，場面熱絡起來之後，再視情況進行。

大家往往會以為採訪者在採訪時不能光顧著聊自己的事情，但為了讓沒有訪談經驗的受訪者能夠輕鬆開口，舉自己的經驗作為例子，引導對方說出自己的故事也是有效的方法。

②細心對待資料

此外，如同前述，我會使用掃描器當場掃描店家的照片後歸還，不會把照片帶回去。畢竟老照片是老闆與家人的珍寶，我想展現出細心對待的態度，也能讓老闆對於完成之後的報導感到放心吧。

③刊登前的原稿先請對方過目

我們會在報導刊登之前，先請對方閱讀文章。這雖然是本出版社獨特的方針，但可以解除對方不知道自己會被寫成什麼樣子的不安情緒。《濱太郎》雖然只是小小的地方出版社發行的雜誌，但受訪者對於被寫進書裡依然抱持著相當大的期待以及同等的壓力。附帶一提，有些細心的受訪

星羊社辦公室的樣貌

者在看原稿的時候，還會幫我們校正，因此對於忙翻天的兩人出版社而言，受訪者幫了出乎意料的大忙。

4 持續下去，才是地方出版向下紮根的捷徑

在一個毫無淵源的地方成立公司、創辦媒體，並與當地人建立關係，絕非一朝一夕可以達成。我們抱持著這樣的覺悟從事活動，也在過程中與在同一片土地紮根生活的人逐漸加深羈絆，有時候甚至還與受訪者發展出偶爾一起全家出遊的關係。除此之外，我們也透過媒體，獲得了愈來愈多與橫濱的書店員、地方情報誌的編輯、地方企業的宣傳負責人、新聞記者等人交換意見的寶貴機會。

《濱太郎》直到第十期為止，都是以同人誌形式發行的六十頁黑白線裝書，並透過直接交易的形態販賣。這樣的發行形態持續了十期，到了二〇一五年十二月，我們將過去的連載重新編輯，加上新撰寫的報導，發行了《橫濱的市民酒館巡禮》（横浜　市民酒場グルリと）這本書籍。我們藉此機會取得圖書編碼，並引進了透過經銷商的販賣方式。二〇一六年六月的第十一期發行了新版，不僅頁數增加，還採用全彩印刷。這期也有更多願意設身處地提供智慧的幫手撰稿，從

各種不同的切入點掌握橫濱這座城市，內容也變得更加充實。

我們公司即使抱持著完全看不見未來的不安，依然發行了一期又一期的雜誌，甚至出版書籍，最後終於有了出版社的樣子。二〇一八年八月，我們迎來了五周年，編輯部與媒體一點一滴成長的微小踏實感，支撐著我們對出版的動力。日復一日的工作讓我深刻感受到，只有抱持著對出版的百分百熱情、腳踏實地與當地人相處、平凡低調地持續努力，才是媒體在地方紮根的捷徑。

③打造細節

7 文章寫作術與心態：撰稿的不是別人，而是「我」

小松理虔／自由作家．霹靂社負責人

1 身為地方媒體的推動者

市面上有很多傳授寫作方法的書籍，而且現在這個時代，不只寫作方法、下標題或想標語的方法、編輯術、照片的拍法等關於媒體的各種技術，都能在網路上搜尋得到。即使在這樣的環境中，本書依然針對地方媒體進行深入探討，匯集具體的手法與實踐者的意見。我也想從實際推動地方媒體的立場，提出參與地方媒體的人需要的具備心態，並試著介紹可稱得上是我自己的一套類似「文章寫作術」的方法。

我先簡單地自我介紹。我在福島縣磐城市一座名為小名濱的港町，從事寫作、編輯、活動企劃、支援生產者與中小企業宣傳業務的工作。除了本業之外，我也經營名為UDOK.的另類空間，並與當地的鮮魚店合作，展開關於飲食活動的企劃等，廣泛從事所謂社區營造的活動。我做的事情太多太雜，就連自己也說不出到底靠哪一項工作維生，但我的工作主軸，依然是以書寫為中心傳播資訊。

2 撰寫報導的基礎——以採訪當地新開幕的咖啡店為例

在此首先以「撰寫當地某間咖啡店的開幕報導」為設定，介紹我撰寫文章時視為基本形式的結構。接著從中間到後半，將會探討文章的寫作策略，以寫出在結構上讀起來更有魅力的文章。最後再試著提出製作地方媒體時需要的心態等等。像我這樣的人，也給不出太多高高在上的建議，只能告訴大家我的思維脈絡與實踐方法。

我的寫手生涯，從在電視台當記者時開始。所以對我來說，原稿內容必須以能讓主播朗讀為前提，而我至今依然有著莫名奇妙的危機感，覺得如果不把報導寫得簡潔明瞭，能夠發出聲音通順朗讀，就沒有人願意看。我把自己的個性與著眼點融入脈絡當中，貫徹極力將文章寫得好讀、易懂的原則。這是我的基本理念，希望大家能以此為基礎再接著往下讀。

拍照、撰文、編輯全由筆者經手的「秋刀魚」（サンマ）寫真集

另類空間「UDOK.（雨讀）」。開設於磐城市小名濱本町銀座商店街一角的空間，面積大約20坪。具有展演空間、小劇場、會議室等各種不同的用途

什麼是新聞

想要採訪某個題材的時候，首先必須思考新聞性在哪裡。尤其製作地方媒體時，必須思考這件事情與地方有何關聯、對地方而言擁有什麼樣的意義。雖然有時候業主會要求「請寫這個主題」，但基本上還是必須自己用心分辨新聞價值。

譬如採訪地方新開幕的咖啡店時，就要去思考這家店的價值在哪裡。在於老闆的經歷嗎？還是咖啡豆的品質？抑或是裝潢呢？而這些個別要素，又會如何連結到地方呢？譬如商品是在當地生產的、以地方的歷史為概念、有助於解決社會課題、幫助傳達地方的魅力等等。採訪之前必須仔細思考這些事情。

報導的四個基本結構

接下來就針對報導的具體寫法進行解說。我將報導的結構分成資訊、描寫、故事、個人見解共四個部分。基本上撰寫一篇報導文章，就是邊調整這四個部分的長短平衡，邊銜接組合而成。

(1) 資訊：資訊是報導的主軸，構成要件為「5W1H」。一篇報導必須寫出何時、何地、發生什麼事情、如何發生、又是為了什麼等基本資訊，或許有點像是新聞報導。譬如咖啡店何時開幕、老闆是誰、店名是什麼、提供哪些餐點、價格多少、店內是什麼樣子、為了什麼而開店等等。刻意寫出地域性強烈的名詞，也能加重地方色彩。

(2) 描寫：描寫是讓人能夠想像畫面的部分。譬如咖啡正冒出蒸騰熱氣、老闆開始烤麵包時，時針正指向凌晨兩點、遠處可以看見磐梯山、從眺望太平洋的高台可以看見遠處的油輪等等。也就是將登場人物與場所、風景連結的部分。如果是生活風格雜誌等，或許會寫得更詩意一點。切換場面或改變節奏時，應該也能使用這樣的技巧。

(3) 故事：故事呈現的不只是現在，也呈現出過去與未來。譬如介紹老闆的來歷、這個地方走過了什麼樣的歷史，藉此帶出報導的深度。寫一點解說文字去介紹採訪對象也不錯。由現在、過去、未來構成內容的手法，在介紹人物的電視紀實節目中也是主流。現在做這樣的事情、過去曾發生過那樣的事情，未來有這樣的展望等等，光是這些內容就足以構成一篇訪談報導。

(4) 個人見解：大眾媒體不太重視個人見解，但考量到地方媒體的推動者需要個性，因此對我而言這是重要的部分。撰稿者有意識地寫下自己對這則新聞的價值定位、期待能對社會帶來什麼樣的影響，就能為容易變得虎頭蛇尾的文章下好結尾，帶來一讀的價值。留下批判性高的評論或許也不錯。

在此試著寫下一篇範例。

位於福島縣磐梯町的咖啡店「BACCHA」在大約一個月前開幕。這是一間能夠享用草本茶飲的店家，剛起步就很順利，每到假日，就出現排隊的顧客。店內的商品全都產自福島縣，使用的艾草與魚腥草等更是從田裡自己長出來的野草。這家店的老闆是鈴木鈴子女士（**資訊**）。我為了一探「BACCHA」受歡迎的秘訣而來到店裡，戴著黑框眼鏡的鈴子女士溫柔地迎接我，在我眼前沖泡艾草茶。描繪著磐梯山剪影的馬克杯，冒出了蒸騰的熱氣（**描寫**）。鈴子女士告訴我，她過去在銀行當行員時，因為接連加班而身心俱疲，這時候的慰藉，就是祖母的艾草茶。但是親愛的祖母在兩年前過世，鈴子女士在尋找與祖母之間的回憶時，想到了野草茶咖啡店。「每當我泡茶的時候，就會想到阿嬤。」鈴子女士表情溫柔地說（**故事**）。我也想起了祖母，這裡莫名地比自己的故鄉更加勾起鄉愁，這份鄉愁總是與風景重合。我試著自己沖泡了鈴子女士給我的艾草茶，眼前浮現出祖母的臉龐，以及從店裡眺望的磐梯山稜線。「阿嬤」（BACCHA）的存在，結合了鄉愁與地域，說起來或許就像是地方的「入口」吧（**個人見解**）。

我運用這四個結構，試著寫出了一篇還蠻像一回事的報導。字數大約五百字，換算成推特的推文，還不到四篇，但也勉強稱得上是篇報導了。這篇報導只由基本要素構成，內容純屬虛構，因此讀起來當然沒什麼深度，但應該可以看得出來，這篇文章是由資訊、描寫、故事、個人見解這四個結構組成的吧。

賦予報導地方要素

以這份基本稿子為骨架，再根據媒體的主題與概念著手把文章的血肉變得豐富，就能寫成一篇長篇報導。舉例來說，如果是生活風格雜誌，就可以深入描寫堅持使用福島縣產野草與藥草等部分；如果是以地方創業為主題的媒體，就可以強化銀行員獨立創業的部分；如果是地方咖啡店的特輯，或許也可以強調野草咖啡店的部分。請試著配合媒體的特性，思考該萃取、濃縮哪些內容，如此一來，自然就能發現該如何下標題、寫摘要。

在選用詞彙時，希望大家留意地方要素，大量使用山、川、海等，與人們的鄉土情懷並存的專有名詞。地方媒體經常穿插著風景照，透過照片與文字的加乘效應傳達地方之美與魅力，就能讓整篇報導變得更具地方特色。

報導中也可以使用方言。訪談使用方言，而非標準國語書寫，絕對能讓當地人在閱讀的時候產生更強烈的真實感。方言最適合目標放在探討地方課題或重新發現地方魅力的媒體。就如同文豪石川啄木曾前往上野車站尋找鄉音，方言對我們來說也是地方的象徵。我也經常在標題或標語中使用方言，因為我認為方言當中，想必濃縮了某種激發鄉土情懷的要素吧。

3 文章應該清楚易懂

另一項我反覆強調的重點就是「清楚易懂」。如果像都市地區那種已經擁有好幾千名粉絲的媒體或許還無所謂，畢竟光靠這些粉絲就能經營下去；但地方媒體沒有這樣的基礎，多半需要讓毫不關心的人產生「一丁點」的興趣，從一點一滴培養粉絲開始做起。而為了讓這些過去全無概念的人開始產生一點點關注，清楚易懂自然就很重要。

未曾累積書寫訓練的寫手，寫作時往往容易落入複雜文章的迷思，文辭表現變得拐彎抹角又冗長，看不出來到底想說什麼。為了防止這點，必須釐清主述者、精簡每一句話、留意接續詞的使用方式，並將重點強調出來，而且可以發出聲音，順順地讀出來。

文章寫得太長就不容易分辨主述者，同時也難以出聲朗讀。如果接續詞使用不當，就會破壞前後文的邏輯，讓人無法掌握脈絡。把心思擺在將文章寫得簡短、清楚，即使出聲朗讀也很通順，報導的主旨就會立刻變得明確。書寫時不需要使用必須翻開字典查閱的詞彙，即使報導中介紹的是困難的地方課題，也希望可以主動選用國中程度就能充分理解的詞語。

寫的人是「我」

我追求清楚易懂的文章，還有另一個理由，那就是如果把文章寫得只有知情的人才看得懂，就無法對世界帶來任何改變。地方都市的社群往往缺乏流動性，就其結構而言，過去一直握有權力的人，到了現在或未來依然也會持續握有權力。我覺得地方媒體，扮演的就是攪動這種「不變性」的角色，必須承接從現有社群中落下的少數人，建立新的社群，培養新的推動者。因此需要運用清楚易懂的文章，撰寫尖銳的主題。

我在前述的報導四結構的最後加入「個人見解」也是出於同樣的理由。對抗不變的大潮流，以批判的觀點面對地方，重新編輯過去未曾獲得認可的價值，以視覺方式呈現，藉此在地方創造出微小的潮流。為了達成目的，我將個人能夠表露意見的部分寫成報導，或許也可以把「個人見解」說成是「批評」吧。

不少地方的產業或物產，都甘於淪為都市地區的外包者。地方的人即使拚了命努力，最後賺錢的依然是都市的大企業。帶來福島第一核電廠事故的能源產業，或許也是如此。地方慎重地接受了來自中央的要求，忘卻自己的文化與歷史，也失去了驕傲感，不知不覺間，中央強加於地方的產業，改寫成為地方新的驕傲。

以零距離參與地方

如果不培養出能夠自己決定地方文化的能力，地方就會失去主體性，變得僅僅像是國家下級組織。為了對抗這樣的潮流，更應該創辦地方媒體，攪動地方的社群，提出地方的新價值。這時候，像現有媒體那樣，與採訪對象保持距離，同時寫出正反兩種觀點以確保公平性是不夠的。媒體的製作者必須與採訪對象建立零距離的關係，以推動者的身分融入現場，解決社會課題或是創造魅力。換句話說，地方的寫手不能只是寫手。

我回顧職涯，發現自己正是如此。我在傳遞飲食資訊的過程中，自己也開始企劃「魚場」（さかなのば）這個能在鮮

「魚場」：與當地鮮魚店合作舉辦每月一次的「鮮魚居酒屋」企劃

魚店享用鮮魚料理與美酒的企劃。而我在參與製作地方的身心障礙人士轉業支援事業所發行的《混沌時報》（GOCHAMAZE times）這份網路雜誌時，也藉由日復一日上傳的訪談報導，加深對於身心障礙與社會福利事業的理解。我現在也負責為地方政府的高齡者社福中心所發行的媒體《活動》（いごく）撰稿。深入現場才能強化人與人之間的連結，提高自己的當事者程度與訊息傳播力。地方媒體的寫手，也必須是個社區營造的參與者。

另外還有一件重要的事情，那就是支撐寫手在地方持續書寫工作的收入。地方寫手的收入來源必須擺脫業種的

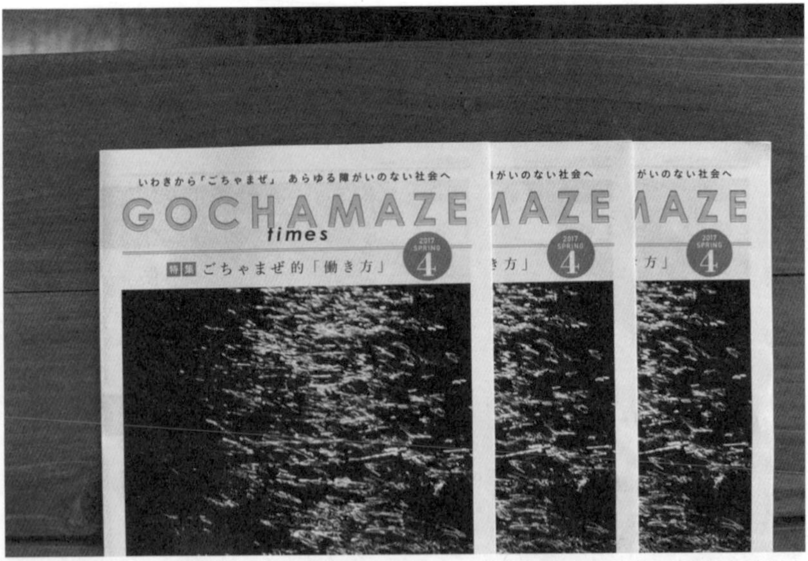

《混沌時報》：身心障礙人士轉業支援事業所經營的非營利網路媒體。報導非營利企劃、工作人員的心聲、參與有關身心障礙福祉工作的人的訪談

侷限，譬如簽下負責傳播整體資訊的全年契約、承攬包含拍照在內的社群網站管理、試著推銷物產等等，總之收入不能只以報導為單位。這些工作終究都是「溝通」與「傳達」。此外，如果對方在支付現金方面有困難，也必須允許他用物品支付、或是交換彼此的工作。我想，像這樣開發多個業種與交易對象，擴散收入來源，是地方必要的型態。

總而言之，就試著展開不花錢的、具有突破性的奇特企劃，並且試著將訊息傳播出去吧。如此一來，就會有各式各樣的人來參與，也會有人來詢問「也可以幫我們舉辦類似這樣的活動嗎？」帶來新的工作機會。執行企劃時，請把

《活動》是由磐城市地方包含照護推進課製作的雜誌。報導有關高齡者、醫療相關人員的場所、人與資訊

書寫融入其中，靠著自己擅長的領域決勝負。從事地方工作，就是不斷地反覆這樣的過程。我們無法頻繁地跑業務，如果總是能把新的工作設計成下一份工作的廣告，那麼就能逐漸形成只要愉快地從事自己喜歡的事情，工作就會自然而然找上門來的狀態。

學會了文章的基礎寫法之後，就盡量深入地方吧。如果發現了有趣或有問題的部分就寫下來，寫成部落格或其他形式都可以。希望你可以徹底進入現場，接觸人與人的連結，以及地方的歷史文化，並以社區營造參與者的身分傳遞訊息。只要經常反覆舉辦活動、傳遞訊息，想必就能開拓我們的活路、收入、還有生活型態。

③打造細節

8照片拍攝法：建議多拍一點庫存

山崎亮／社區設計師．studio-L負責人

1 拍出「好照片」的七個技巧

不管是紙本還是網路，地方媒體所刊登的照片，重視的都是「不漏掉當下那一刻」。譬如建築物或風景一直都在那裡，有需要的時候再去拍攝即可；但如果是社區營造的計畫，要不是在活動當下，參加者就不會在場，即使想要重拍，燦爛的笑容也已經不見了。所以必須有人幫忙拍下大家認真討論的時刻，或是露出笑容的那一瞬間。更進一步來說，拍下討論計畫的情景、人們交談的樣子、以同樣的角度與距離，拍下某項計畫開始之前與結束之後的現場，比較兩者之間有哪些差異等等，都是重要的作業。雖然也可以憑感覺去拍，但如果能夠記住一些拍照的小技巧，就能拍出更好看的照片。

①把相機設定成自動模式

我想要就自己所知的範圍，告訴大家拍出好照片的秘訣。秘訣有二，第一是把相機設定成自動模式。相機有類似人眼的機構，光圈開得大，接收光線的孔徑就會變大，光圈開得小則孔徑會縮小。最近受惠於製造商研發人員的考慮周到，幾乎所有的相機都是只要設定成自動，就能和人眼一樣，透過許多條件感知亮度。所以除非想要拍出什麼特殊表現，否則設定成自動就已經足夠。光圈、快門、白平衡等等都不需要多想，總而言之拿起來拍就對了。或許把「想要拍出好照片」的想法，轉換成「從拍下的照片中挑出最好的一張」更加適當。

現在的記憶卡，即使拍一天也裝不滿，所以希望大家養成大約每三十秒就按一次快門的習慣。我也時常叮嚀來實習的大學生這麼做，但出乎意料地很難做到。無論如何都會有隔了兩分鐘都沒有按下快門的時候。每三十秒按一次快門，一天就會拍出大約五千張，只要從中選出二十張左右奇蹟般的傑出照片，放進「精選」資料夾，就算大功告成。在不久之前的時代，在攝影工作還沒結束前電池很容易就會先沒電，但現在的電池也很能撐，所以總而言之，重要的是不斷地按下快門。

②閃光燈保持關閉

調成自動模式後，閃光燈也經常會變成自動開啟。關於這點之後會再詳細說明，但拍攝室內工作坊的時候，請盡量避免使用閃光燈。

③臉的方向與空間

要說只要遵守上述兩點就能拍出好照片倒也有點武斷，因此接下來將以我拍的照片當成範例說明。

首先是臉的方向與留白。從範例可以看出，只要在臉朝著的方向保留一點空間，就能讓照片變得更像一回事（例1）。

反之，如果背後的空間太大（照片上方部分留得過多），左側的留白太少（照片下方被裁剪），整體構圖的平衡就會變差。雖然臉在正中間能使構圖看起來穩定，但在視線的方向有意識地留白會更好。

這時必須注意相機有半按快門對焦的功能。譬如拍攝前方的人像時，可以先把焦點對準前方，透過相機的觀景窗，將正中央的部分對準前方的人半按快門，就能將焦點對準那裡，接著維持半按的狀態，稍微移開相機調整構圖，再按下快門，就能避開對焦在空白部分的狀況。如果沒有先半按對焦就按下快門，焦點通常會對準正中央的空白處，導致前方模糊失焦。所以拍照時，先把焦點對準想拍的人，再移到旁邊把快門完全按下。

除此之外，最近的智慧型相機也有人臉辨識功能，只要畫面裡出現人臉，臉部周圍就會出現方框，自動把焦點對在人臉上，不管怎麼移動，焦點幾乎都會對準人臉。所以如果是自動辨識人臉的機型，總而言之就先抓構圖，然後不用想太多，快門按下去就對了。

④帶點角度

拍照也可以帶點角度。譬如從上或下改變角度就能拍出不同的表情（例2）。

⑤切掉頭頂

其實構圖時切掉一部份頭頂，能讓整體的構圖更安定。為了替專案留下紀錄而拍照時需要特寫人臉與表情，因此在決定取景的時候，必須盡可能配合視線思考要切掉那些部分。

⑥讓照片主角的身體與臉朝向相反方向

要是被拍攝的人的身體與臉朝著同一個方向，照片雖然也不差，但如果想拍出有動感的照片，將身體的方向、臉的方向或視線的方向稍微錯開比較好。舉例來說，如果拍出身體朝向前方，臉面向後方的照片，只要把頭的部分裁切下來，並在視線前方配上標題，就能做成一張海報。製作明信片時，也能採取這種基本構圖（例4）。

⑦打光的方式

拍攝人臉時，打光的方式相當重要，所以拍攝對象站在哪裡也是重點。使用自動模式在昏暗的室內拍攝的話，閃光燈一定會亮起，但這麼一來，就連凹下去的部分也會照到光，導致整體變得平面。

此外，如果人的後方有牆壁，有時也會形成濃厚的影子，使得頭部看起來稍微變大。這種時候關掉閃光燈，拍起來就會比較自然。雖然光線不足容易手震，但看起來會比從正面打閃光燈更接近自然的狀態。

如果光線實在太暗，也可以從側面打光。這麼做能使半邊臉部出現陰影，讓凹凸變得更明顯。舉例來說，從側面打光，能夠突顯稍微明亮的部分與陰暗部分的凹凸，與原本從正面打閃光

例1：只要在臉朝著的方向留白，就能在視線方向拍出深度
例4：如果身體與臉分別朝著不同的方向，就能拍出動態的照片

例2：從各種不同的角度拍攝，就能拍出不同的表情與氣氛

例3：拍攝人的臉部表情特寫時，切掉頭頂的部分能讓整體的構圖更安定

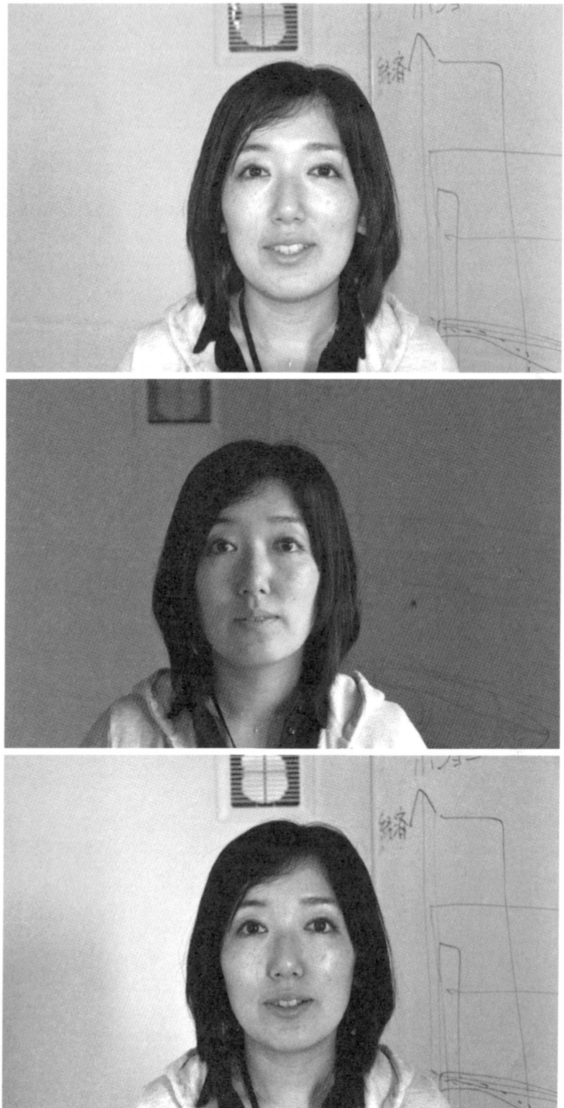

例5：在室內拍攝時的不同光線設定，由上到下分別是打上閃光燈、關掉閃光燈，以及關掉閃光燈但從側面打光的情況

燈的照片相比，可以呈現出凹凸更清楚分明、更有人味的表情（例4）。

雖然多數專業攝影師不喜歡這種拍攝方法，但最好當成基礎記到腦海裡。光線從左右任何一個角度照進來的狀態，能讓臉部看起來最立體。但這種拍攝方式太過普通，所以確實許多人都會想要花點心思採取不同的拍法。拍攝人臉的時候不要想太多，觀察光線從哪裡照進來，先避免讓拍攝對象過於面對光線，如果光線有角度，先請對方暫時移動到光線斜射的場所，或是自己移動到這樣的方向再拍會比較容易。

2 應用篇

①利用逆光

雖然利用逆光拍攝的方法最近已經愈來愈少人使用，但可以當作進階應用的技巧學習。拍攝人像的時候，大致採取順光，也就是光線從正面照射，但有時候也會背對著太陽拍攝。雖然一般而言，如果背後太亮，臉拍起來就會變黑，所以拍照最好不要背光，但現在也能使用電腦軟體進行各種調整。舉例來說，如果臉的顏色太暗，可以將整體調亮，只不過這麼一來，雖然臉的部分變亮了，背景卻會變得過度曝光。最近的雜誌不知為何，經常使用這類照片，色調看起來莫名地白，背景則變得空空蕩蕩。如果想拍出這樣的照片，拍的時候不要想太多，之後再想辦法修正即可。搭配文章的時候也一樣，如果想要呈現愉快的氣氛，只要在電腦上調整顏色，就能調成一張能夠充分傳達氣氛的照片。如果沒有特別想要拍出媲美專家的照片，也可以採用這種方法（例6）。

模糊背景也是拍照需要的技巧，而且相當基本。只要盡量遠離想要拍攝的對象物，使用望遠鏡頭拉近拍下，背景就會變得模糊，但這個技巧也必須克服手震。不過，就算鏡頭靠近對象物，只要調整光圈也能拍出模糊的背景。然而這個方法有點難，畢竟思考的時候，手的動作比較不靈活，因此如果非得做到三十秒按一次快門，還是盡量站遠一點，從遠的地方將對象物拉近到與近處同樣的尺寸拍攝。

舉例來說，拍攝某個圖書館裡的花朵時，如果靠近拍攝，焦距就會對到整個畫面，把對象物與其他各式各樣的資訊一起拍進來。像這種背景複雜的狀況，就無法將花朵本身突顯出來。所以如果想拍這樣的畫面，請退到五公尺外，以望遠鏡頭將花朵拉近到與剛才同樣的尺寸，這樣就拍出只對焦在盆栽上的照片（例7）。

數位相機附有光學變焦功能，可以放大到五倍或六倍左右，因此只要把對象物拉近，就能拍出背後模糊，只有前方清楚的照片。除了人臉之外，拍攝罐裝咖啡、杯子、某件作品時也一樣，

例6：利用逆光的拍攝手法

例7：圖書館的花。對焦在整體的情況，與只對焦在花盆的情況

不要直接拍攝，稍微站遠一點再拍比較好。但採取這種方法的時候，請先確認採光是否充足，因為使用望遠鏡頭對準遠處的物體拍攝時容易手震。如果光線昏暗，容易不論怎麼試都對不到焦而拍不清楚。實際拍攝時，可以先在正式拍攝前，試拍幾次確認會不會晃動，並且多拍幾張預備。如果是會動的物體，不要在光線不足的情況下拍攝，而是要拿到明亮的地方，從遠處拉近拍攝，這樣效果較好。

此外，如果想拍攝的物體後方幾公分內有雜物，就有可能無法順利產生景深的模糊，必須注意。至少把目標的後方兩、三公分處淨空比較不會有問題。

例8、9：工作坊的情景。只拍攝參加者的情況

②框架效果㈠

有一種構圖方式稱為框架效果。譬如拍攝工作坊的情景時，刻意將前方的柱子或角落拍進去，呈現出「活動在某個房間舉辦」的感覺（例8）。比起隨意拍攝，這種構圖比較容易讓人想像「某個場所」的空間感，所以要不要把前方的物體拍進去，請根據當下的情況判斷。同樣地，大家一起聽講、作業的照片雖然也不錯，但只要把前方說話的人稍微拍進去，就能營造出前面的人，正與後面的人一起做些什麼的氣氛（例9）。因此像這樣故意把前方的事物放進構圖拍出整體感，也是一種方法。

例8：工作坊的情景。拍進前方的柱子，呈現出「在某地的房間舉行」的意思

③框架效果㈡

此外，如果要每三十秒就拍一張照片，即使是拍攝同一個對象，也最好多從幾個不同的角度拍照。以同樣的簡報情景為例，比起相機角度與被攝者的目光一致，拍攝時採取由下往上的仰角，能使簡報的人看起來更權威。

除此之外還有其他的特寫方法。譬如拍攝工作坊中製作的板子時，雖然沒有把整塊板子拍進去，但只要拍到手，還有部分清楚的文字，就能傳達出氣氛。這樣的照片雖然無法有效記錄下畫面之外的文字究竟寫了些什麼，但如果只是像這張照片一樣，想要傳達「這是大家一起邊寫邊製作」的氣氛，就不一定要拍出整體，因為

例9：稍微拍出前方主持人的背影，讓人感受到前後的關係性與氣氛

拍到前方的筆，更容易傳達出製作時的狀況與氛圍。

3 其他心得

建議多拍一些庫存

拍攝照片時，最好多拍一些庫存。把似乎有用的景象，或有機會成為素材的事物拍下來，存入資料夾裡，往後就有可能在配上說明文或經過加工後，成為真正能用的素材。總而言之，發現值得一拍的事物，就盡量拍下來吧！

尤其如果生活在都市，很難拍出整片大自然的景象，往往需要花兩、三萬日圓向照片素材商購買照片使用權。但如果平

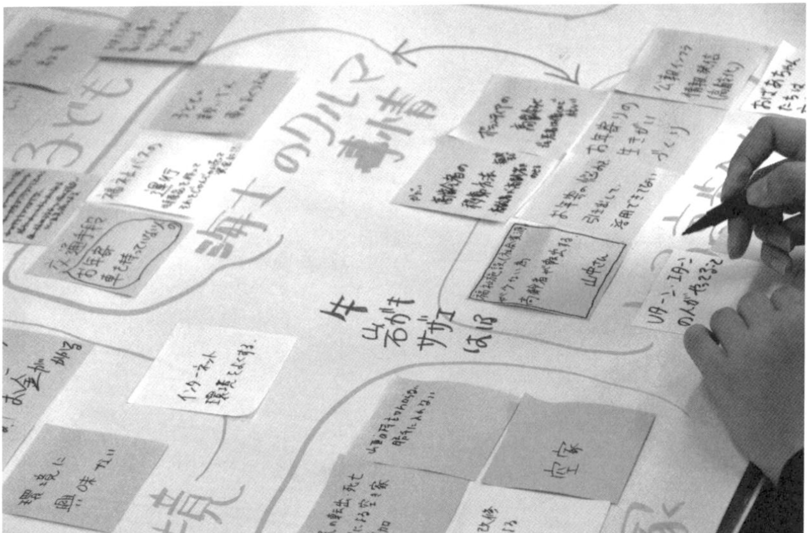

例10：拍到手、筆以及部分清楚可讀的文字，更容易傳達狀況與氛圍

常活動的地區擁有豐富的大自然，即使不特地去買，只要貼上平常拍好存起來的照片，就能讓版面變得更加豐富。譬如乾裂的土牆、割下後又再度生長的稻子、堆積的柴薪、石牆與上下的梯田以同樣的比例拍下等等。只要想到排版時很容易就能配上文字使用，那麼光是這樣的影像就可以拍個十張左右。把只有石牆、只有上方的梯田與石牆、不同比例的上下梯田與石牆等幾種不同的組合拍起來，存進自己的素材資料夾裡，就能方便在需要時使用。畫面中有圓形光束照射的照片，在暗處配上白色文字的素材就很容易使用。

由於這些拍好留存的照片是沒有特別下功夫要如何拍攝的成果，所以即使沒有使用特殊效果或濾鏡，拍攝對象也可能在正中央或偏左偏右，之後拿來配上文字加工使用都很方便。只要保存這些有可能派上用場的照片，就能在需要的時候，貼上文字或標語搭配，做出視覺上既美觀，又具有說服力，讓人忍不住想跟著文字試著採取行動的版面。

把上述內容整理一下，要訣包括相機設成自動模式、基本上不使用閃光燈、拍攝人臉的時候，一次次思考臉朝向的方向、頭頂需不需要切掉、身體與臉是否方向一致等問題，並進行三十秒拍一張的練習。只要在心裡記下拍照方式，那麼就只要根據這個方法不斷拍攝即可。如此一來就能在不知不覺間，養成無需思考的拍照習慣，譬如分別拍了三個角度之後就換下一個主題等等。拍下許多照片之後，就在電腦中整理素材。使用的時候，請挑選效果較好的照片搭配文章。

借來攝影教學書閱讀

雖然這屬於個人習慣，但我會借來攝影的教學書。如果看到自己喜歡的表現方法，就會採用同樣方式拍攝，因此日後就不會忘記。說明理論或案例的書，之後會想要重讀，所以最好買下來收藏；但除此之外的教學，尤其是相機的使用教學，一個月之後就會推陳出新，換成別種機型就完全無法參考的狀況也不在少數，因此這部分為了省錢，我會從圖書館借來讀。只要學會運用方法，就不需要把書擺在手邊了吧。

4 常見問題

拍攝料理的訣竅是什麼？

料理基本上要從自己品嘗的角度拍攝。把相機往下轉到與自己品嘗擺在桌上的食物時同樣視角，這樣拍下的照片，能夠讓人產生親近感。此外，如果光線的角度太斜，會形成微妙的陰影，讓食物看起來不好吃，因此必須盡可能採用來自正上方的平板光線。換句話說，雖然拍照角度傾斜，但光線必須是順光。背景最好是白色的，沒有木紋、不會太黑，比較容易表現食材的顏色與透明感。總結來說，我在拍攝料理時會留意的三個重點包括背景底色是否為白色、是否從正要品嘗的視角拍照，以及盡量不要拍出影子。

拍攝害羞的人有什麼訣竅嗎？

這有點難，因為在訪談或工作坊拍攝人物照片時，都必須問對方：「請問我可以拍照嗎？」雖然有些害羞的人會回答「不用不用」，但或許可以再試著多問兩、三個問題，分辨對方是真心討厭拍照，還是單純害羞，也有人會回答：「如果你堅持要拍，那就拍吧。」但在一對一的情況特別不容易，如果拍攝時只有自己一個人，很難邊跟對方說話邊把手伸到旁邊去拍照。可以的話，最好訪談者與攝影師兩人一組，在對方專注於對話的時候，不知不覺間拍下照片。如果使用望遠鏡頭，甚至可以做到不被對方察覺的程度，所以先站遠一點，再鎖定對象拍攝，不僅能使背景模糊地很美，也能在當事人沒有注意到的情況下，拍下他自然談話的樣貌。

此外，如果拍攝對象身邊有朋友更好。譬如找老太太與她的朋友一起訪問，如果有機會在她們聊天時拍下照片，那就完全不是一對一了。又或者趁著拍攝對象與某個經過的人打招呼的時候按下快門。如果不借用對方朋友的力量，應該很難拍出自然的照片吧。

再者，在訪問即將結束的後半段再拍是鐵則。如果在剛開始的時候拍，會因為雙方尚未建立關係，受訪者表情緊繃，只拍得到出冷淡的表情。所以請抱著前半段拍的照片用不上的想法，拍個兩、三張讓對方熟悉相機即可，接著就專心訪談。等關係好到可以普通地談話時，再拍五、六張照片，而這五、六張應該就能派得上用場了。

動態人像該怎麼拍？

基本上，拍攝動態人像時光線量很重要，因此室內運動最難拍。在戶外天氣晴朗時，使用自動模式的相機，不經思考地按下快門，能以兩千分之一秒的高速快門拍下照片。如果在晴朗的日子拍攝戶外運動，即便使用望遠鏡頭拉近也很少手震。就算是孩子跑步、或打到球的瞬間，也能以相當高速的快門拍攝，但如果在陰天以倍率太高的望遠鏡頭拉得太近拍攝，就有可能每一張都手震。如果相機有連拍功能，就能在譬如投手投出球的那一瞬間，對準打者按下快門，一直拍到球被打出去為止。之後只需要從球棒接觸到球的那一瞬間，選出一張照片放進資料夾裡即可。雖然連拍功能依機種而異，但如果有的話，也可以在拍動作迅速的動物時使用。

以上就是拍照的訣竅，首先請從稍遠的地方，以望遠鏡頭拍拍看罐裝咖啡吧。如果想要拍攝人與人的場景，先請對方站起來，試試看近拍與透過望遠鏡頭拉近再拍有什麼不同。想必會發現從遠處拍好很多。總而言之，就先動手拍拍看吧。

第3章　從媒體的編輯到地方的編輯

影山裕樹

在附近的車站鬧區租DVD，買本漫畫回家。愈來愈多人像這樣只往返公司與自家，除此之外不與任何人交流，如果把這種「個人與個人的隔閡」視為都市問題，那麼我覺得地方上「社群與社群的隔閡」更加嚴重。生活在都市的人，雖然遠離某個逃不掉的社群（同學社群或社區社群）後就能獲得自由，但如果去到地方，不僅無法逃離，不同社群之間還有避免在同一張桌上喝酒吃飯的傾向。

那麼，該如何將這些不同的社群串聯在一起呢？其中一項成為橋梁的管道，就是祭典這類慶祝的日子吧。但平凡無奇的日常空間又該怎麼辦呢？

地方媒體就是串起在日常生活中互不往來、彼此互不理解的不同社群的工具。世代之間的隔閡在地方尤其嚴重。媒體扮演的角色，就是讓平常見不到面的世代遇見彼此，將關係攪動，並重新建構。媒體就是將不同社群之間的「空隙」接合的黏著劑。

過去建立出版文化的是報紙或週刊之類的定期刊物，文壇、政治家、各式各樣專業人員將知識與見解灌注到這些刊物裡，透過座談會與專欄，以平易近人的語言，將最新的研究成果帶入大眾腦海。電視的談話性節目與收音機節目也是同樣的模式。我想媒體扮演的角色就是窗口，透過這個窗口，將學院或專門業界內部累積的智慧回饋給社會。而電視的綜藝節目或戲劇節目等，也具備將擁有多樣屬性的國民視為「大眾」整合的機能，譬如《八點全員集合》[11]這個電視節目，就是以家家戶戶的男女老幼到了晚上就會聚集到餐桌前為前提所製作。

但在現代社會，隨著類比訊號與報紙的衰退，透過相同媒體獲得資訊的市民變得分散，大眾／民眾的樣貌變得複雜，這些大眾媒體的影響力也不再強大。

正因為是這樣的時代，地方媒體才有趣。正因為是社群身分難以轉換的地方，才更應該以正面角度重新看待不具備共通語言的人住在相同地區的狀態，並使用媒體建立彼此之間的關係。當意見與立場不同的人團結一心，就會成為強大的能量。地方的人，能夠傳播彼此充分討論出來的地域樣貌，而不是大都市的媒體強加的價值觀。

接下來我將介紹在各地經營地方媒體的NPO、企業、個人的活動。從各個案例可以看到媒體在扮演社群黏著劑時所發揮的作用。

但是各個地區無論是課題、人口組成還是風土民情都不一樣，因此媒體這款黏著劑也不是萬能，無法將鐵與布黏在一起，也不能黏合石頭與塑膠。所以也希望各位可以應用第二章所寫的實踐技巧，開出最適合各個地域的處方。

11　日本的長青綜藝節目。由TBS電視台在一九六九年十月至一九八五年九月間製播，每週六晚上八點播出，內容包含了搞笑短劇演出與特別來賓的歌唱表演。

1 NPO打造的媒體與地方——多角化事業工作術

①從傳播資訊的媒體到推動社群營造——《橫濱經濟新聞》（橫濱市）

傳播地方新聞的網站：大家的經濟新聞網

「大家的經濟新聞網」（みんなの経済新聞ネットワーク）堪稱地方媒體的代表，加盟數在日本全國各地目前仍持續增加。這份媒體報導的不是會出現在大眾媒體的事件、事故等時事新聞，而是附近店家開幕、市民主辦的趣味活動、隱藏在日常當中的地方商機、文化資訊、愉快的新聞等等。

經濟新聞最早始於二〇〇〇年的「澀谷經濟新聞」，由以澀谷為據點的花形商品研究所的西樹先生創辦。當初並沒有準備像現在這樣增加在全國各地的夥伴，但第二份經濟新聞「橫濱經濟新聞」依然在不久之後誕生，創辦者是NPO法人橫濱社群設計實驗室代表理事杉浦裕樹。

杉浦先生在澀谷經濟新聞創辦的二〇〇〇年認識了西先生，並在二〇〇三年成立了現在的NPO。

杉浦先生說：「西先生是因為真心喜愛澀谷，所以才創辦了澀谷經濟新聞，因此當初並沒有預料到會像現在這樣發展成為遍布全國的網路。大概是沒有想過其他城市會跑來說『我們也想做』吧。二〇〇四年橫濱經濟新聞成立時，架設了兩者共用的伺服器，後來名古屋的榮、東京的六本木、福岡的天神這三個地區也在二〇〇五年創辦了經濟新聞，接著在二〇〇六年之後，每年都會增加新的夥伴。現在光是國內網就已經有超過一百個地區。我們的基本結構在這段時間都沒有改變，所有的經濟新聞網都能活用這套系統。」

杉浦先生的NPO現在經營的媒體是橫濱經濟新聞與港北經濟新聞。除此之外，也在橫濱的關內地區經營共同工作空間「SAKURA WORKS〈關內〉」與創客空

《橫濱經濟新聞》主頁

間「關內自造實驗室」，而他們自己的辦公室也在這個共同工作空間裡。他們發展社區與社群營造的多角事業，其中包括接受來自企業顧問公司埃森哲（Accenture）的支援，建立解決地方課題的 ICT 平台「LOCAL GOOD YOKOHAMA」，並接受政府委託，針對「生活實驗室」進行調查研究，生活實驗室是個透過地方多元主體的對話與共創而達到創發新事業的平台。

NPO法人橫濱社群設計實驗室的地方資訊傳播與社群創造

話說回來，杉浦先生為什麼堅持在橫濱創造社群、設立據點，兼營媒體事業呢？

杉浦先生說：「我從小學就喜歡聽收音機，陪伴我長大的是短波電台與海外的日語節目。上了國中之後，我取得了業餘無線電執照。後來名為『草根 BBS』的電腦通訊出現曙光，nifty 與日經 MIX 等商用電腦通訊開始。我一直以來生活在這樣的時代，所以雖然未曾考慮過把資訊傳播當成工作，但原本就很有興趣。」

進入了一九九〇年代之後網路誕生，電腦也從 Windows95 開始普及到一般家庭。杉浦先生當時從事的工作是與媒體無關的舞台總監，但他與朋友一起成立了傳播神宮前和原宿的地區資訊的計畫「神宮前 .org」，並在澀谷租用了共享辦公室與共享伺服器。

「我們當時（二〇〇〇年前後）租用了一 GB 的伺服器，免費以神宮前 .org 的網域名稱提供電子郵件位址，以及製作自己的網頁之類的服務。原宿地區的商店街聯合會看到我們的活動，就跑來問我們能不能幫忙做一些活化地方的資訊傳播。」杉浦先生說道。

那是IT新創百花齊放的時代。杉浦先生以舞台總監的身分，策畫了「Bit Style」系列活動，邀請創業家、東京都知事、日銀總裁等參加，並找來DJ、VJ熱鬧一番。他也從二〇〇〇年開始在代代木公園舉辦活動，而這個活動成為後來Earth Day的原型。他就在那個時候認識了澀谷經濟新聞的西先生，並自然而然地將興趣從打造舞台場域，轉移到創造社群與資訊溝通。

「我擔任舞台總監的時候，曾策畫好幾場爵士公演，因此與橫濱產生緣分。雖然

橫濱社群設計實驗室的事務所兼共同工作空間「SAKURA WORKS〈關內〉」

我也很喜歡神宮前，但覺得橫濱的迴響更好。而且我過去經手的都是經濟產業省的產業活性化或IT新創等宣傳活動，所以想要暫時離開這個領域，試試非營利的社區營造與組織設計。橫濱社群設計實驗室就基於這樣的想法創辦。」

從事社群設計等事業時，不可缺少建立地方人際網路的資訊傳播媒體。對NPO而言，策畫經濟新聞網路，創辦地方媒體是必然之舉。

杉浦先生說：「刊出一篇新聞，資訊至少就會傳播給成千上百人，有時甚至是幾萬人。而在共同工作空間舉辦活動，可說是一舉兩得。至今為止，橫濱經濟新聞刊出的報導超過一萬篇（截至二〇一八年三月三十一日）。幸好每天真的都能收集到許多新聞稿或資訊。」

話雖如此，光靠媒體本身還是很難賺錢。媒體終究只是取得與本業有關的資訊，並將其傳播出去的工具。因此，同時擁有資訊出入的平台，與人員出入的實體空間，才能達成這個NPO創造社群的目的。

地方網路媒體該如何賺錢

那麼，經營經濟新聞最重要的收入來源是什麼呢？以橫濱社群設計實驗室為例，其收入來自經營共享辦公室、打造座談或講座等學習活動、接受政府的委託、與企業的合作企劃等等。橫濱社群設計實驗室在二〇〇二年以民間社團之姿起步，把創造地方社群當成任務，展開腳踏實地的活動。

關於網路媒體的收入，杉浦先生是這麼說的。「網站上有橫幅廣告與文字廣告。除此之外，將報導賣給其他媒體也是其中一項獲利來源。雖然每篇報導的單價不高，但能夠增加讀者得知這份媒體存在的機會，也相當吸引人。」

但光靠廣告收入與販賣文章，難以獲得經營媒體的充分資金。只經營經濟新聞這項事業，似乎不切實際。儘管如此，還是有愈來愈多團體加入這個網路，這是為什麼呢？

「我想，首先是因為愈來愈多人對於自己居住、生活的地方有著『鄉土愛』，想要分享地方魅力吧。此外，對我而言，經濟新聞之間的橫向串聯也很有魅力。我很好奇別的經濟新聞報導什麼樣的內容，有些讓人驚訝『竟然報導了這樣的內容』的文章也能帶來刺激。其他團體不同的獲利方法也會成為我的參考。我們會與國內一百個以上、海外十個以上的經濟新聞編輯部，在線上交換資訊，並且每年舉辦一次實體交流活動『大家經研習營』。」

來自全國經濟新聞的報導，會透過 Yahoo! 之類的平台傳播，因此知名度高，而且具有統一的設計與使用規範，讓人十分安心。大家經濟新聞網整體就如同一個媒體一樣發揮作用，但經營團體相當多元，大家對於媒體的想法與立場也各不相同。

「像我們這種社區營造型的NPO只有極少數；很多都是根植地方的企業、IT企業或網站製作公司。這幾年像我們這種經營共同工作空間的機構也愈來愈多。大家的共通點就是員工與老闆都喜愛各自所在的地方、對於想傳達給別人、想分享給別人的事情相當敏感。我們隨時張開天線，探索當地的熱門新聞以及有趣的人、事、物。」

舉例來說，最近創辦的外房經濟新聞，就由在學學生主導。橫濱社群設計實驗室理事宮島真希子女士是這麼說的：「創辦外房經濟新聞的富樫泰良相當活躍，他不僅成立了一般社團法人『ALL NIPPON RENOVATION』，甚至還因為向現任國會議員提出『青年政策草案』而蔚為話題。他以外房為據點，為年輕人的地方活化帶來貢獻，同時也創辦了媒體，加入大家的經濟新聞網網絡。他們也將倒閉的咖啡店改裝成自己的基地。」讓勢如破竹的年輕人共享這塊招牌，或許就是大家經濟新聞網的活力泉源吧。

「富樫先生說，振興地方靠的不是活動，如果想要吸引人來，首先必須創辦媒體。他曾以實習生的身分在我們這裡撰寫報導，吸收媒體經營的基礎。經營外房經濟新聞，是把在我們這裡的體驗回饋給地方。他熟練活用手上的資源，創造了與當地人的連結及場域。」

經營橫濱經濟新聞的社群設計實驗室也兼營共同工作空間「SAKURA WORKS〈關內〉」，而外房經濟新聞也採取類似模式。媒體與場域果然能夠帶來加乘作用。但是光靠這個方法還是難以創造利潤，因此也有經濟新聞有意識地建立自己的獲利模式。

「船橋經濟新聞以『大家一起支持對地方有用的資訊』為概念，向當地人募款。而且是在採訪的時候順道進行。由於是宣揚社會貢獻的非營利組織，所以比起營利用的廣告，確實比較適合以募款方式籌措資金。我們甚至還討論日後要不要採用船橋模式。擁有能夠分享這些智慧的網路，也是大家的經濟新聞網的優點。」宮島女士說。

除此之外，由編輯製作團隊Noto經營的品川新聞，活用自家公司的特色舉辦寫手養成講座，志在成為經濟新聞寫手的人，就把這裡當成進修場所。經由以上說明可以得知，大家的經濟新聞網的運作模式，類似「食通信聯盟」，這個組織發行的雜誌出刊時會附上當地食材，發行單位橫跨印刷公司、漁會、NPO等多種領域，無論是獲利模式，還是「使用」媒體的目的都相當多樣。這樣的模式很適合地方情報誌，因為網路上的報導也能挪用至自家媒體，此外社區營造型企業或NPO，也能以採訪為名目深入地方。這些優點集合起來，才能讓經濟新聞這樣的網路媒體順利運作吧。

杉浦先生表示：「我們是社區營造實驗室，是研究與開發的地方，絕非以利益為優先。就是因為擁有媒體，才能讓開店的人、策畫活動的人、從事社區營造或育兒的人、值得報導的人、開發者、百貨公司、政府的社區營造負責人、藝術工作者等許許多多的人產生連結。」

由此培養的網路，能夠促使附近關心相同事物的人彼此交流。規模雖小卻熱情的地方團體、使用當地食材少量生產的伴手禮等，透過這些大眾媒體或報紙不會報導的新聞，讓讀者看見地方潛藏的多元價值。

「新聞媒體雖然能夠傳達『擁有價值的資訊』，但依然難以將人與經營資源結合，譬如大家還是缺人缺錢。我們與埃森哲公司合作的『LOCAL GOOD YOKOHAMA』，就是將募集資金的群眾募資機制與媒體結合的計畫。這個計畫也包含技術媒合，譬如有的單位想要設計人才，有的單位想要活動的營運人員，而我們就是回應這些人力、物力需求的平台。我想，我們與需要橫濱經濟新聞累積的資訊與網路的企業及政府聯手，將地方潛在的價值實際活用在地方，這時『社區營造』才真正開始。」杉浦先生說。

累積價值與方法，成為典藏網站的網路媒體

狹義的媒體指的是傳播資訊的媒體，這類媒體如果想為地區社會帶來貢獻，不能只是握有資訊，還必須與存在於地方的各個角色（企業、政府、社群）交流，才開始擁有價值。就如杉浦先生所說，重視在社會上的任務勝於利益的 NPO，正是適合運用媒體解決地方遭遇的課題的組織。

此外，一般會以為網路媒體與紙本媒體不同，前者的意義在於資訊不斷地流動，但其實將資

訊儲存起來也具有意義。累積了超過一萬條新聞的橫濱經濟新聞正是如此。

EDIT LOCAL是我以指導者之一的身分參與製作的網路媒體，它以「培養編輯地方的專家、並把資訊傳播出去」為概念，把自己定位為典藏網站，儲存各地方媒體製作者採用的方法，而不是僅止於傳播能賺取社群網站的轉發或點閱的資訊。

我們也在設計方面花了一點巧思，只要把游標移到日本地圖上，哪個行政區有多少報導就一目瞭然。雖然內容還不多，但我想正因為地

儲存地方媒體製作者與方法等相關資訊的網路媒體《EDIT LOCAL》

方媒體會隨地區與目的改變角色，了解同一個地區的製作者下了那些工夫，對於日後想要創辦媒體的人相當重要。

就媒體傳播資訊的目的而言，現在已經逐漸成為網路比紙本更有效率的時代。但即使是擅長傳播資訊的的網路媒體，也在尋求超越傳遞資訊以外的功能。

②傳遞從電影製作到田園體驗等豐富內容的網站——《惠那雜誌》（岐阜縣惠那市）

在政府人員的號召下，從零資金開始的電影製作

地方限定的網路媒體也一樣在尋求超越傳遞資訊以外的功能，以生活在岐阜縣惠那市的人們為主題的地方媒體《惠那雜誌》（おへマガ），不只是報導地方美食與觀光景點，還創造空間、建立網路，多角化經營的事業同時並行。

惠那市因平成大合併[12]而變成涵蓋十三個地區的廣大區域。將這些區域合併成一個市雖然不錯，但舊的區域意識依然強烈，地域或市民之間的交流窒礙難行。當地有一位政府人員就在這樣的情況下，思考有沒有什麼辦法，能夠連結不同地區與世代的人。

「我聽說他沒有事先通知就跑去拜訪電影導演林弘樹先生，從電影製作的過程中了解這座城

市，將人與人串聯在一起。他覺得有可能可以運用電影做社區營造，於是展開了惠那市『心的合併』計畫。雖然站出來號召的是政府人員，但這項計畫沒有使用任何一毛補助，而是花了五年的時間募捐，向企業拉贊助、舉辦募款活動，終於募集到了兩千五百萬日圓的資金。」

上面這段話出自《惠那雜誌》總編輯園原麻友實女士之口。她也告訴我們她與網路媒體《惠那雜誌》創辦前的「NPO法人惠那之地」的接觸過程。

「我聽說電影在二〇一〇年還沒有募集到足夠資金的狀態下，就已經開拍了（不久之後就拉到贊助），他們到全市出外景，從製作到完成，包含臨時演員在內，共有兩到三萬名當地人士參與。」

完成的電影《回到故鄉去》（ふるさとがえり）獲得好評，全國各地都有放映的邀請。至今為止，已經在日本全國四十七個都道府縣舉辦了約兩千場放映會。而現在經營《惠那雜誌》的「NPO法人惠那之地」，就是當時成立的放映事務局。

12　**平成大合併**　為了因應少子化、高齡化的社會現象，與推動地方行政改革，強化地方自治的能力與中央地方分權，從一九九九至二〇一〇年間，日本政府大規模推動市町村等行政區整併。與一九九九年的市町村數目相比，二〇一四年的數目減少將近五成。

從探索自我的旅行，到加入地方NPO

在《回到故鄉去》頻繁舉行上映活動的二〇一一年左右，園原女士尚未加入NPO。

「我原本就喜歡和服，所以曾經在京都販賣和服的網路公司工作，負責進貨、標價、販賣，換句話說就是經營電子商務網站。做了大約兩年之後，漸漸無法從暢銷商品的買賣當中感受到魅力，於是我辭掉工作，成為在亞洲各地旅行的背包客，走上了常見的探索自我之路。」

後來就算回到故鄉，也因為認識的人少，想得到的職業種類也少，只好進入當地中小企業工廠工作，這是常見的發展。這時園原女士透過在京都工作時的人脈，認識了從大阪移居長野偏鄉老屋經營民宿的人，以及從事京都商店街活化工作的同世代年輕人。這些人的行動帶給她衝擊：「原來大家都把思考地方的發展當成家常便飯啊。」

「那時候我心想，不知道在惠那有沒有從事社區營造的人呢？於是我鬼使神差地在推特上發文『我也想從事思考地方發展的工作』，結果竟然被現在NPO的人看見，而且他們還私訊我『我們剛好要開會，要不要來玩呢？』這句邀請，就成為我加入惠那之地的契機。」

這段故事，正是社群網站時代的體現。當時的NPO人員也對她說：「在推特上提到惠那的，應該只有妳一個。」從事地方工作的業者，想必總是睜大眼睛，想要挑出地方參與者的幼苗吧。

園原女士在擔任一年左右的志工後，不知不覺辭掉工廠的工作，正式成為NPO法人惠那之地的一員。如同前述，這個團體原本雖然是電影放映事務局，但是在各個放映地點聽到愈來愈多人說想去惠那看看，於是著手從事放映活動衍生出來的著地型觀光[13]與體驗行程的時機逐漸成熟。

「二〇一二年開始，當地人開始組織『惠那山麓博覽會』，活用自己擅長的技能與地域資源在地方導覽。第一年與透過電影認識的人舉辦了十七項體驗，一個半月內就有大約四百人參加。後來從我加入到二〇一六年為止，每年大約會舉辦五十到一百項體驗。」園原女士回憶道。

推動、經營多項事業

由此可知，網路媒體《惠那雜誌》並非一開始就創辦，而是先有觀光客的體驗行程這樣的事業基礎，才產生了傳達惠那地方體驗的需求。於是，非出版科班出身的園原女士，剛好可以發揮她曾在電子商務網站販賣商品的工作經驗。

撰寫《惠那雜誌》報導的寫手與攝影師是當地人，他們幾乎都不是NPO的成員，而是志同

13　**著地型觀光**　旅客在當地集合、參加活動，並在當地解散的觀光方式。

道合的同伴，多數屬於返鄉者或移居者。想在當地從事地方振興的年輕人不多，因此很快就認識彼此，成為夥伴。但他們多數不是專業寫手，只能請他們在採訪時遞上名片，根據撰寫報導的規則執筆。最後檢查報導品質的，還是園原女士。

「雖然說是規則，但也只不過是訪問店裡的人，根據體驗撰稿，寫的也是居民向朋友介紹自己的故鄉時想說的內容……然而，我們確實分享彼此的想法。因為有山，所以才有產業與文化。我想這正是本地的特色，也是有趣之處。我希望撰稿的夥伴與其在意技巧，不如把注意力擺在『這樣的地方特色有不有趣』。」

最初創辦《惠那雜誌》時，最重要的資金是如何籌措的呢？「我們只有在剛成立時接受市政府的補助，第一年完全是赤字。但來自政府的工作從第二年，也就是二〇一六年左右開始增加，政府希望在這個媒體製作特輯。所以與其說是靠報導賺錢，還不如說媒體成為我們獲得各種工作的窗口。」

《惠那雜誌》的首頁，貼著各種特輯的頁面連結，譬如介紹惠那自然體驗的「NATURE GUIDE BOOK」，或是古城巡禮「至少想要造訪一次！惠那市・中津川市古城大集合」等等。他們除了撰寫這些與政府合作的報導之外，也製作手冊。這些都是網路媒體的重要資金來源。

此外，他們也與個別的當地企業合作，撰寫業配文章。只不過，地方企業還沒有養成付錢給

NPO法人惠那之地經營的《惠那雜誌》。當地的成員以「從悠悠哉哉的田園，到開開心心的地方生活」為理念，採訪惠那山麓、中津川地區的生活，並透過網路傳播

網路媒體的習慣，還是很信賴紙本媒體。

「於是，我們開始每年發送一份免費的紙本刊物給會員（雖然二〇一七年無法發行）。可以直接根據地址寄送的會員約有一千人，因此我們以一股一萬日圓為單位，向想要刊登資訊的會員收取費用。一個人發一千份傳單大約要花十萬日圓左右吧，所以他們覺得只要付一萬日圓就能登上刊物真是太划算了。」

不僅如此，《惠那雜誌》還經營「肚臍商店」（おへそストアー）電子商務網站。他們與日式甜點店一起開發商品，並由創意工作者出身的員工設計包裝。《惠那雜誌》除了承攬政府的製作委託案之外，還有另一項重要的收入來源，那就是規劃移居導覽與座談的講座事業「惠那學校」。最近也舉辦了愈來愈多的媒體製作相關講座與工作坊。

「惠那學校舉辦的講座有兩個主軸，第一是『稍微豐富日常生活的講座』，第二是『將想法化為現實的實踐講座』。甚至還有愈來愈多惠那市以外的單位，邀請我們去開 Instagram 講座與資訊傳播等實踐講座。岐阜縣致力於促進移居，所以我們也會幫忙規劃移居座談，或是以講師的身分，去都市地區宣講岐阜的生活。」

但實際舉辦之後，他們也感受到一次性工作坊與講座的侷限。如果無法協助參加的人，直到他們採取邁向下一步的行動，舉辦這些活動就沒有意義。

「我發現有些人在現有的創業輔導制度下無法跨出任何一步。我希望支援那些對政府或工商協會舉辦的創業講座不感興趣的族群，說白一點就是女性族群。女性在人生中有結婚、養育孩童、照護老人等各種不同的階段，我希望讓她們在這樣的生命循環當中，展開靠著自己想做的事情解決地方困境，並有機會發展成『營生』的行動。量力而為即可，月收入不到三萬日圓也無所謂，從事複數行業是前提。但是只要有一份喜歡的工作，就能讓地方的生活更豐富。如果因為成功而想要擴大事業，那就擴大吧。我覺得這樣的想法很適合鄉下。」

其實，這就是園原女士創辦《惠那

惠那之地事務所與共享辦公室進駐的「樫舍KASHIYA」。這裡是舉辦小生意工作坊與市集的地方據點（攝影：Natsumi Koike）

雜誌》的其中一項理由。如果考慮到未來也將繼續在惠那生活，就會覺得擁有更多能夠一起享受這座城市的夥伴有益無害。

「說到底，如果只報導『可以去看看』或『這個很好吃』之類的資訊，也不會帶來任何改變。我想我們的任務，就是創造進一步的行動。增加更多吵吵鬧鬧的夥伴是一件開心的事情，而我也希望我們的存在，能夠在背後推那些想生活在惠那山麓地區的人一把。我們希望在自己做得到的範圍，創造跨出這一步的契機。」園原女士說。

大約一年半前左右，共享辦公室「樫舍KASHIYA」開幕，這裡兼具事務所的功能，同時也可以舉辦工作坊之類的活動。樫舍由長時間無人居住的老屋改建，這棟建築原本擁有茅草屋頂，屋齡一七〇年。改建的費用，竟然多數由看了電影《回到故鄉去》的當地出身房東支付。《惠那雜誌》就由這些意想不到的緣分支撐。他們在這裡舉辦小生意工作坊、販賣當地商品的市集等等，把這裡當成開拓地域的據點活用。

NPO與地方網路媒體合拍嗎？

《惠那雜誌》雖然像這樣確保各式各樣的收入管道，腳踏實地進行社區營造，但也開始了會員贊助制度，換句話說就是募款制度。過去的主要收入來自電影《回到故鄉去》的放映費與補助金，但他們想要轉型成為支援、培養當地有志之士的非營利組織特有形式。

「這兩年我們全部停止申請補助金，接受委託的工作逐漸占了收入的大部分，但我們也開始思考『這樣下去真的好嗎？』於是便展開了贊助制度。」園原女士說明。

橫濱經濟新聞的情況也是一樣。一般的營利企業，往往都會走向拉廣告、賺點閱率的擴大路線。但不把媒體視為創造利益的事業，而是明確地當成為地方市民與地方社會帶來貢獻的工具，這種使用媒體的風格很適合NPO。

「當然，我們也不排斥廣告模式或點閱率主義，但我們的任務不在那裡。擬定將來的計畫時也一樣，雖然營收也很重要，

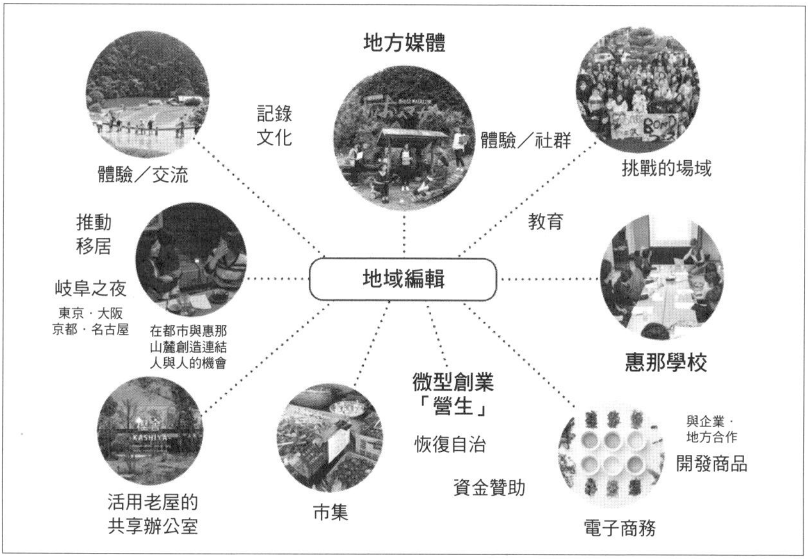

地方網路媒體《惠那雜誌》與嘗試編輯地域的工作

但我們身為NPO，更重視如何解決地方的課題與創造價值。媒體是達成這個任務的手段，擁有空間、興辦學校也是這個計畫的一部分。我覺得自己設定能夠評量成果的指標，而不是只看點閱率，是非常重要的。譬如，希望能夠增加多少來市集試吃的人、希望增加多少在當地發展出『營生』的創業夥伴，或是地方資源能夠如何活用等等。」

每年約有一百人移居惠那，這三年因為《惠那雜誌》的鼓勵而決定移居的人至少有十組。雖然移居是結果論，很難直接計入媒體效果，但我想可以更加確立以這些故事為基礎的評價主軸。

「參與地方的方式，不是有很多嗎？除了住在這裡之外，來一次看看、買東西支援、擁有更多夥伴都算。如果說這個地方變得更好，聽起來往往很抽象，所以我們想要尋找新的數值目標。不過很難就是了。」

《惠那雜誌》希望成為記錄地方文化，在五十年後、一百年後也將文化樣貌保留下來的媒體，因此最近開始考慮發行紙本雜誌。《進擊的日本地方刊物》也介紹過的近江八幡甜點店「種屋」（たねや）所發行的正統派雜誌《La Collina》，就表明了地方企業「無論是五十年後，還是一百年後，都要繼續在這塊土地生存下去」的決心。園原女士也興致勃勃地希望與這樣的老牌地方企業合作，專心致志地將惠那的魅力記錄下來。

不需要拘泥於網路還是紙本，重要的是該如何設計地方的未來，而通往這樣的未來，需要什麼樣的媒體？又該去哪裡尋找描繪這個未來的夥伴？橫濱社群設計實驗室與惠那之地，將政府、企業、移居者等根植地方的各個社群串聯在一起，並編輯地域。像這些肩負社會任務的非營利組織發行的地方媒體，日後想必也值得矚目。

2 企業與產業製作的媒體與地方——重新發現價值・貼近地方的方法

①第三者在連結地方與企業時扮演的角色——《三浦總編輯》（島根縣大田市）

石見銀山生活文化研究所宣傳雜誌《三浦總編輯》的誕生

島根縣大田市大森町。石見銀山生活文化研究所，就位在這座擁有世界文化遺產石見銀山遺跡的小鎮。這家公司不僅發展出在日本各地都有支持者的服裝品牌「群言堂」，還經營由兩百三十年歷史的老屋改建而成的老屋民宿「他鄉阿部家」。

在此之前，他們已經於公司所在的大森町翻修了十間老屋，改建成總公司辦公室、員工宿舍，並經營商店與咖啡店。他們傳播在這塊土地紮根生活的魅力，彷彿就像社訓「草根生活」的體現。

石見銀山生活文化研究所發行的宣傳雜誌名為《三浦總編輯》。這份雜誌的總編輯正是三浦類先生。從東京搬遷過來的他，將大森町的人與生活，連同自己過去的經歷一起在雜誌裡介紹。

三浦先生出身自愛知縣名古屋，在東京上大學時，聽了石見銀山生活文化研究所董事長松場大吉先生的演講後相當著迷，於是就寫信給大吉先生。這封信吸引了大吉先生的注意，他雇用三浦先生擔任實習生，並在二〇一一年正式錄用。現在三浦先生在販賣促進課從事宣傳的工作。

「剛進公司的第一年，我負責的是在咖啡店內烹調和上菜的工作，雖然稱

由石見銀山生活文化研究所・販賣促進課的三浦類先生擔任總編輯的宣傳雜誌《三浦總編輯》

不上修行，但公司雇用我不是因為我有什麼特殊技能，所以想必也很煩惱該指派什麼工作給我吧（笑）。到了第二年，我就被調到現在的販賣促進課，並在第三年創辦了《三浦總編輯》。」

三浦先生平常負責宣傳工作，譬如接受媒體採訪、製作新聞稿、編輯石見銀山生活文化研究所網站上的文章內容、陪同視察等等。在這樣的情況下，為什麼會突然發行冠上自己名字的宣傳雜誌呢？

「我找工作的時候原本希望成為新聞記者，但每次應徵都沒錄取。我也把這件事情告訴了包含董事長在內的同事。我從學生時代就喜歡寫文章，曾經投稿到雜誌與同人誌。某天，董事長突然拿來了一份免費刊物，問我要不要試著做做看類似這樣的東西。我想他或許也是因為看到我在公司中還沒建立自己的崗位，所以為我準備了一個合適的工作舞台吧。」三浦先生說。

群言堂的公司文化——配合人才創造工作

董事長松場大吉先生與所長松場登美女士夫妻倆，在一九八一年回到大吉先生的老家大森町後，創辦製作與販賣手工雜貨的品牌「松田屋」，而松田屋就是群言堂的前身，石見銀山生活文化研究所則是在一九九八年成立。群言堂是個有點特別的企業，除了販賣服飾、雜貨、化妝品等之外，也從事前面提到的活化當地閒置老屋、帶來地方貢獻的事業。不少群言堂（以及背後的石見銀山生活文化研究所）員工都和三浦先生一樣受到公司文化吸引，移居此地任職。

「我們的企業理念中，有一條是『復古創新』。從過去學習本質是謂『復古』，抱持著將其傳承到未來的觀點，在現今這個時代創造價值就是『創新』。我們無論在製作物品，還是在改造老屋方面都實踐這個理念。以服裝為例，我們為了將職人的技術傳承下去，持續合作的對象是使用現在逐漸消失的珍貴織布機與技術生產優質布料的布店。如果以建築物為例，我們則使空屋以新的形式重生，運用的也是被拋棄的舊木材與舊工具。我想，拾取廢棄物品加以活用，就是公司的一種精神或思想。」

群言堂的企業運作方式也體現了這種思想，相當獨特。以人事為例，「群言堂的人事很特殊，有時候與其說是先有工作再錄取適合的人，倒不如說是根據錄取者的特質創造工作。董事長的記憶當中，還留有我申請實習時的信件內容，他或許從那時就開始醞釀創辦雜誌的構想，覺得讓我在大森生活幾年之後，再試著寫大森的事情會很有趣吧。」

配合人才創造工作的經營風格，似乎不只體現在三浦先生身上。「譬如我們的 Gungendo Laboratory 這個品牌，有一項名為里山調色盤的嘗試，使用石見銀山的里山周邊撿拾的果實、枝葉製作染料染製衣服。我們開始這項嘗試的契機，是因為有一位同事在學生時代就自己做染料、織布，製作出每一個步驟全都自己親手處理的衣服。此外我們之所以會開始一項名為梅花酵母的事業，也是因為在公司有一位二十年的資深同事房薇，她是農學博士，發現了這座小鎮的梅花上所附著的酵母菌。我們還配合梅花酵母成立了MeDu（梅子）這個保養品牌。」

發掘地方隱藏的價值，製成商品送到全國。這家公司就如其名稱，觀察石見銀山的日常，培養並傳播文化，為此必須善用人才。這樣的企業文化，或許也是讓三浦先生製作冠上自己名字的宣傳雜誌的理由之一。

另一方面，這家公司的事業很難用一句話說明。「群言堂除了衣服之外，還經營其他事業嗎？」「石見銀山生活文化研究所旗下有幾個品牌呢？」雖然有一貫的信念，故事卻錯綜複雜。清楚地介紹這家公司，也是三浦先生的任務。

站在顧客與員工之間的宣傳雜誌

《三浦總編輯》每年發行四期，至今為止已經發行了十六期與三期號外，版型是B4對折小報，相當簡單。除了放在全國三十一間群言堂商店之外，也會放在合作的咖啡店與藝廊，並寄送給網路商店的消費者。

提到根植地方的企業所發行的宣傳雜誌，最具代表性的就是近江八幡的甜點店種屋的《La Collina》，而石見銀山生活文化研究所的宣傳戰略與種屋有共通之處。種屋不在雜誌上刊登廣告，

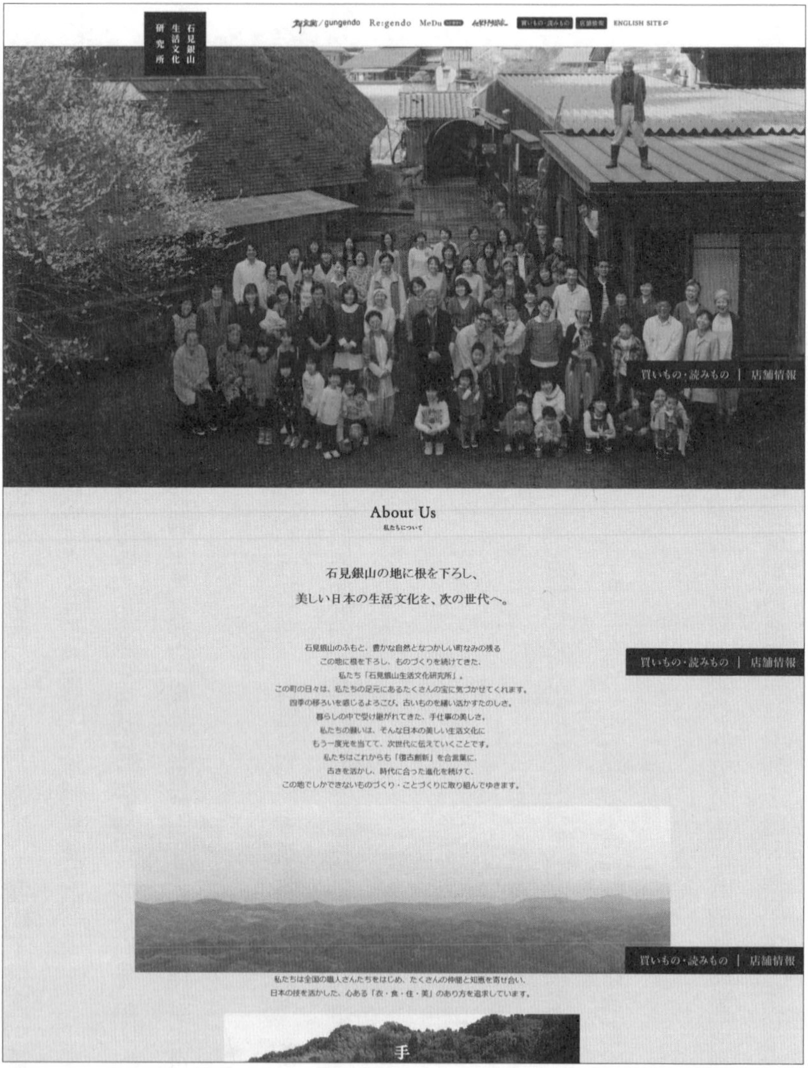

石見銀山生活文化研究所的網站。頁面中列出了群言堂（販賣服飾、雜貨、寢具的商店）、Re:gendo（使用西荻窪老屋空間的飲食與生活雜貨店）、Medu（保養品牌）、他鄉阿部家（改造石見銀山武士宅邸的「生活民宿」）等體現研究所理念的自家品牌

年度廣告預算都集中在《La Collina》，因此可以持續製作像寫真集一樣的高品質雜誌。石見銀山生活研究所的品牌，也幾乎不會把廣告費花在購買雜誌廣告或橫幅廣告。

發行《三浦總編輯》的同時，石見銀山生活文化研究所的網站也翻新了。這個網站結合了販賣群言堂、MeDu等自家品牌商品的線上購物頁面，以及體現其理念的文章頁面，而翻新後的網頁，也展現出該公司的概念——「販賣」地方與在當地工作的人所誕生的故事。

對於紮根地方的當地企業而言，超越一般所說的企業宣傳範圍，發掘當地的故事是重要的工作。這些故事不是大都市的廣告代理商在短時間內所能創造出來的。因為風土民情、手工藝之類的無形技術根植於地方的價值，不是一朝一夕就能發現。這些都是在每天的生活與工作當中，突然察覺到的事物。

石見銀山生活文化研究所從事的工作，就是挖掘石見銀山地區的文化基因，並將其帶向未來。而《三浦總編輯》就透過採訪在群言堂工作的人、與該公司有關的許許多多的當地人，向顧客介紹石見銀山地區的魅力。

「《三浦總編輯》中，有一個名為〈三浦類的職場放浪記〉的連載單元，裡面寫了曾經罹患憂鬱症的同事的故事。後來我收到一封信，上面寫著『其實我也是，讀了文章之後讓我打起精神』。由於我把私人的事情也毫不隱瞞地寫出來，所以也有很多人對我在大森町的生活產生興趣。」

這份媒體就如其標題，基本上所有文章與照片，都由三浦先生一個人負責，所以讀者意外地對三浦先生個人很感興趣。一般所說的企業宣傳雜誌，總是全面主打企業優點，刊登的也多半是為商品宣傳、為營收帶來貢獻的文章。但另一方面，《三浦總編輯》的特色卻是透過三浦先生的主觀視角，描寫群言堂的故事，以及大森町的日常生活。

「當董事長問我要不要做宣傳雜誌的時候，他就已經提到這個標題。我想他應該很看重『三浦』這名年輕人，以身為居民的角度，對鎮上生活的描寫吧。當然，他應該覺得這麼做也能表現企業的概念。因為『群言堂』這幾個字，指的就是在許多人各自表達的意見當中，創造出好的方向。如果有人能以生活在這裡的居民的個人觀點描述這座小鎮，那麼在能夠創造良好方向的多樣性之中，不就多增添了一股力量嗎？」三浦先生說。

我雖然覺得這樣取名相當大膽，但與其完全從廣告的角度宣傳公司，有些事物或許必須靠三浦先生這名移居到當地，邊紮根生活邊工作的「半外來者」的眼光，截取公司或地方的故事，才能突顯出來。

「多虧了這個刊名，在某種意義上消除了雜誌的企業感。我也覺得從這個刊名可以看得出來『這不是企業的宣傳工具喔。』」三浦先生在這份雜誌中不是企業的宣傳人員，而是一名在當地生活的人，站在企業與顧客之間，傳播大森町與群言堂的魅力。《三浦總編輯》的讀者，不單單只是群言堂的顧客，他們也透過三浦先生的眼光，想像他看見的大森町生活。有時候或許還會出現因此移居大森町的人。事實上，三浦先生進了公司之後，來自全日本的應徵者也增加了。想要加入群言堂的年輕人，當然受到群言堂的理念吸引，但如果這裡的生活沒有魅力，應該也不會出現想要搬過來的人吧。

同樣地，喜愛群言堂的顧客，不單單只是覺得他們的衣服好穿、觸感舒適、設計討喜，他們穿著群言堂的衣服時，也會想像石見銀山的文化與生活。所長松場登美女士，也在她的著作中寫道：「我發覺，東西的價值不在於商品本身，只論商品本身價值的話，我做的東西說不定一下子就被淘汰了。我想應該是除了商品本身，產品散發的氛圍，或是賣場呈現出來的世界觀。總之一定有某種作用，才讓客人想要買下這衣服吧。」（《群言堂的草根生活：來自幸福鄉下石見銀山》松場登美著[14]）

紮根地方的企業，以存在於地方的必然性為武器，賦予販賣的商品「故事」這項附加價值。商品與地方的故事緊密結合，不應該拆開來看。

三浦先生說：「長期在這座小鎮從事的工作、一直以來珍惜的小鎮生活，不應該只是做成商

14　台灣由太雅出版社出版。

品，我更希望擁有傳播力，以其他形式傳播出去。我想董事長與所長一直都有這樣的想法。實現這個想法的過程中，像我這樣的人剛好加入，這就是緣分吧。」

代言自家公司價值觀的態度，無法傳達個人的實際感受；如果只是傳達對營收有直接幫助的資訊，無法引導顧客認識背後的故事。對於永續經營的地方企業媒體製作者而言，重要的是在外地人、當地人與公司文化之間擺盪，保持批判性的距離，在當地社群與公司當中確立如第三者般的立場。

②紮根地方的信用金庫宣傳雜誌──《紅蘿蔔》（石川縣七尾市）

信用金庫員工製作的三百頁全彩雜誌

就算不是群言堂這種地方生活與品牌本身呈現一體兩面的企業，還是有其他企業也適合製作地方媒體，譬如紮根地方的信用金庫與都市銀行等金融機構。位於石川縣北部，能登半島中央七尾市的「能登共榮信用金庫」，就曾發行《紅蘿蔔》這份免費刊物。

催生《紅蘿蔔》的是該金庫的職員谷口良則。他的興趣是拍照，經常在鎮上拍攝風景與人物，聽說當地人都親暱地喊他「谷大哥」。

《紅蘿蔔》的照片與文字，幾乎都由谷口先生一個人拍照撰寫。他在商店街攔截老人，邊聊邊喀嚓一聲按下快門。遇見一群小學生時，也會請他們排好隊拍下來。雜誌的大半版面，都由這些當地人的照片占據，幾乎可說是谷口先生的作品集，而且照片配上的短文說明也很出色。

「經過時發現青木種苗店的春枝太太，拿著大大的放大鏡端詳自己的手指。原來是植物的刺卡在裡面。過了不久，老公政治先生不知不覺站到她的面前，溫柔地幫她把刺拔出來。」（節錄自第七期）

谷口先生不僅記住當地人的姓名，也對他們的背景瞭若指掌，所以能夠寫下只有他寫得出來的故事，能夠拍下只有他拍得出來的表情。這就是紮根地方的信用金庫職員製作的免費刊物。

即使如此，頁數多（第七期有三〇四頁）、全彩印刷的刊物，製作費也絕不便宜。但為什麼公司允許谷口先生如此自由地製作雜誌呢？公司內不會有不滿或疑問的聲音嗎？谷口先生是這麼說的：「我們金庫的理事長是個心胸寬大的人，所以他對我的為所欲為睜一隻眼閉一隻眼（笑）。我開始做這份雜誌的時候，原本打算如果風評不佳，就乾脆自掏腰包。但實際做了之後發現，一下子就被拿光了。有很多客戶來問還有沒有《紅蘿蔔》，也有人寄信給我說『謝謝你把我拍得這麼美。』」（節錄自雜誌航〔マガジン航〕的連載「致名為地方媒體的開拓者」〔ローカルメディアというフロンティアへ〕，以下引述的谷口先生談話均是相同資料源）

能登信用金庫發行的免費雜誌《紅蘿蔔》。文章、照片都出自該金庫的職員谷口先生之手

節錄自《紅蘿蔔》第7期。拍的都是認識的人

「貼近地方」的企業理念

《紅蘿蔔》於二〇〇一年重新創刊，每年發行一至兩期，持續到二〇〇七年。雖然後來很可惜休刊了，但概念由每年發行的宣傳雜誌《紅蘿蔔通信》傳承下去。從能登共榮信用金庫一百週年時出刊的二〇一五年號開始，出現了「能登耕作」這位名字好像在哪裡聽過的主角，內容也變成了支援能登產業創造官民複合活動的特輯、訪問在地的創業者等等。當然，能登耕作就是谷口先生的分身。

谷口先生也是受到元祖地方雜誌《谷中．根津．千駄木》（參考本書二三〇頁）影響的其中一人。在信用金庫工作的他，平常總是在想，既然要做宣傳雜誌，就希望能夠結合地方，製作類似地方雜誌的刊物。

「信用金庫的職員，已經不再像以前那樣頻繁拜訪客戶了。網路出現之後，變成效率優先，於是我開始意識到，與地方的連結和對地方居民的關心，是否逐漸淡化了呢？而且介紹職員的公司內部刊物不是很無聊嗎？不如讓地方居民登場，反而更能體現信用金庫貼近地方的理念吧？這就是我的想法。」

一般社團法人全國信用金庫協會（全信協），在一九九七年創設了社會貢獻獎，以獎勵從事特殊社會貢獻活動的各地信用金庫。譬如第十九屆「地方活性化．信金運動　優秀獎」的得獎者

「向日葵交流農園」，就是磐城市的向日葵信用金庫為了復興地方產業，在磐城市平字作町開設的蔬菜工廠。該信用金庫活用閒置店鋪開設農園，做為水耕栽培設施的樣品屋開放參觀，示範閒置工廠與閒置店鋪的活用案例。

關於信用金庫的起源，全信協發行的手冊上是這樣寫的：「明治維新成為強化資本集中的導火線，農民與中小企業陷入貧窮，為了幫助經濟弱勢者順利周轉資金，於一九〇〇（明治三十三）年制定產業組合法，而信用合作社就根據該法案誕生。」（節錄自〈信用金庫的介紹　信金簡史 2016〉〔信用金庫のご案内　しんきんプロフィール 2016〕）

七橋市商店街發行的小誌（左），在這本刊物中，《紅蘿蔔通信》（右）與《谷根千》的森檀女士以寫手身分參與其中，谷口先生則以攝影師的身分參加

後來經歷了第二次世界大戰後的高度經濟成長期，信用金庫在一九五一（昭和二十六）年誕生。現在日本全國共有七三九八家分行（根據前書）。全信協宣傳部長小曾根浩孝先生說：「住在大都市的人或許很少看到，但愈往偏遠地方去，信用金庫的存在感就愈強大。」

「不管是主流銀行的地方分行，還是地方銀行的行員，大家都說自己的（地方）情報網比不上信用金庫。由此可知，我們與當地小商店或中小企業的關係有多麼緊密。甚至可以說信用金庫的存在必須仰賴地方接納。這種活用各自地盤的經營、宣傳戰略，今後也會是我們的強項吧。」小曾根先生解釋道。

③地方共同面對照護與漁業的問題——霹靂社（福島縣磐城市）

以既是當地人又不是當地人的位置，對地方提出批評

《東北食通信》的總編輯，創造食通信系統的高橋博之先生曾說：「（食通信採取）任何人都能輕易模仿，就像『凝固劑』一樣的模式。」關鍵字就是這個「凝固劑」。即使擁有豐富的情報網與人脈網，如果最後屈就於當地槍打出頭鳥的壓力，就無法創造出新的價值觀。

不管好壞，長時間生活在一個地區，難免會加深與附近居民的關係，最後漸漸說不出心裡的

話。既無法把缺點說出口，也很難做出引人注目的事，否則不是被打壓，就是受到過度吹捧。對於日後想要在這個地區長久生活下去的人，或是想在這個地方生根活動的企業而言，很難孤注一擲、賭上一把去做出上述那些大鳴大放的事情。

這種地方需要的是外人的眼光，以新的觀點對地方做出批評。這個人不能被地方封閉的氣氛壓垮，也不能暴力地把外來的價值觀強加行加諸於地方，必須在中間擺盪，持續傳遞資訊。扮演「凝固劑」角色，能夠重新編輯地方人流與物流的「人」，最適合製作地方媒體。就既有的地方社群或企業社群來看，這樣的人有點怪，但從外人的眼光來看，又覺得這個人很有趣。兼具「外來者」與「自己人」這兩種面向的人，是如同嵌合體般的存在。

我想，以企業名義發行冠上自己名字的宣傳雜誌，而且每期都傳達個人小故事的三浦先生，或是製作厚得離譜的信用金庫宣傳雜誌，透過個人觀點，截取當地居民生活的谷口先生，就是這種擁有兩面性的存在。

從上海歸國的電視台記者眼中的地方

在福島縣磐城市小名濱地區活動的霹靂舍小松理虔先生也一樣（參考第二章）。小松先生過去曾在東京舉行的地方設計研討會中這樣說道：「發生核電廠事故後，政府開始撥出預算推動各式各樣的復興事業。國家汩汩湧出的資金，全都流入早就已經在地方握有權力的企業或青年會議所之類的社群底下。大家以為核電廠事故使這裡變得一團亂，所有一切都被打散重組，但其實不是的。原本拿不到資源的人，還是拿不到資源，既有的社會結構反而更加強化。我想地方的封閉性，就來自這樣的現象。」

小松先生大學畢業後，曾在當地的地方電視台擔任記者，後來旅居上海，擔任日語資訊雜誌的編輯記者。二〇〇九年回國後，創辦地方媒體「tetote onahama」。這是個完全基於興趣經營的網路雜誌，但也增加了與被報導的人之間的交流。

當地下班後的娛樂場所有限，小松先生希望利用五點後的下班時間，與夥伴一起從事創意工作，於是他改裝商店街的閒置店鋪，邊在當地的魚板製造商上班，邊成立另類空間「UDOK.」。換句話說，他結合空間營造與媒體，致力於振興自己生活的地方。就在這個時候，三一一大地震發生了。

「這裡發生了地震、核電廠事故，大家雖然沒有明確說出口，但心裡都有許多想法。心底累積了翻騰的情緒，卻難以表現出來。我是那種會把心裡想的事情，清楚在推特上說出來的人，但果然是槍打出頭鳥。儘管如此，還是必須有人發出聲音。為了發聲，有些事情我們必須去了解，譬如核能的問題、漁業的問題。」小松先生說。

了解地方產業後看到的事物

小松先生在離開魚板製造商後，成立了個人事務所霹靂舍，協助地方企業與團體經營自有媒體、從事宣傳的工作，譬如磐城市公所地方包含照護推進課的《活動》、發展身心障礙人士轉業支援事業的NPO法人社群設計工作坊的《混沌時報》等等。其中也有單位送來蔬菜代替酬勞。小松先生就這樣邊開拓多角化收入，邊參與地方事務，在工作當中，自然有愈來愈多機會接觸照護問題與漁業問題。

小松先生說：「地方需要的是來自外部的觀點。譬如捕撈秋刀魚是遠洋漁業，必須與台灣或韓國的漁船競爭，也受到地球環境極大的影響，因此這個產業看似在地，其實相當全球化喔。我邀請告訴我這件事的專家到鮮魚店，定期舉辦邊享用美酒與鮮魚，邊高談闊論的『魚場』活動。光是喊著『振興地方的一級產業吧』、『我們有美味的食物喔』是不夠的，我們不應該只滿足於這樣的程度，把眼光拉長來看，大家應該更深入去思考，該怎麼做才能保護未來的漁業。如果思考時不踩穩這樣的立場，一旦漁獲開始變得熱門，就會被東京收購一空，在當地就買不到鮮魚了。人們是因為不懂，所以才只能處在被動的立場。」

槍打出頭鳥，但鳥飛得夠高就打不到了。更而甚者，因為媒體報導而紅起來的農民或漁業相關人士獲得某種明星般的待遇，無論是民間資金還是政府資金都集中到他們身上。小松先生說，媒體上那些美好的故事，反而如前面介紹一般，強化了地方原本就有的權力結構，甚至可能遺漏其他腳踏實地努力的農民與漁民的付出。

「所以我們必須繼續發掘第二個明星農民。我擁有多樣化的收入，也會確實向付得出錢的客戶收取費用，所以就算在這方面收入是零也無所謂，我就是想要幫第二個明星做宣傳。我想這就是媒體需要扮演的角色。」本書一再強調，地方媒體是串聯不同社群的工具；儘管如此，單純將A與B在沒有任何脈絡的情況下串聯在一起也沒有意義，而是必須活用從以前就存在的，人與人之間的連結、資訊與物品的流通，如此一來，就能稍微改變人、事、物的流向。如果要比喻的話，大概是如同鐵路轉轍器般的存在吧，我想這就是製作地方媒體需要的「觀點」。

媒體能做的事情——形式雖然改變，但功能不變

根據總務省發表的長條圖，主要媒體的假日平均閱聽時間，三十至六十歲族群以觀看電視為壓倒性的主流，但若是二十歲以下族群，電視則被網路超越。

這樣的趨勢逐漸加速，最後以電視為首的主要媒體，將愈來愈缺乏存在感吧。而且報紙的閱讀時間也值得注意，二十歲與十歲族群幾乎不看報紙，雜誌與書本想必也一樣。

雖然就全國來看或許是如此，但地方的狀況與這張長條圖相反，對紙本媒體的信賴感依然較高。聯絡板、報紙、雜誌都依然給人活躍的印象，或許是因為年長者占地方人口的比例較高的關係吧。證據就是，一九七〇年代在全日本一齊誕生的地方情報誌，至今依然存活於各地。他們以這樣的歷史為背景，確實擁有固定的讀者群。此外，就活用現有的情報網、流通網，創造新的連結這點來看，金融機構、商店組織、地方情報誌等長年培養的網絡就會成為武器。封閉的舊社群，也能透過投入新的觀點，「翻轉」成為可以使用的資源。小松先生也這麼說：「有一份創刊三十八周年的地方情報誌《磐城地方雜誌》（タウンマガジンいわき），雖然名叫磐城，但商圈甚至遠及茨城縣的日立。他們設定了『常磐路』這個虛擬的

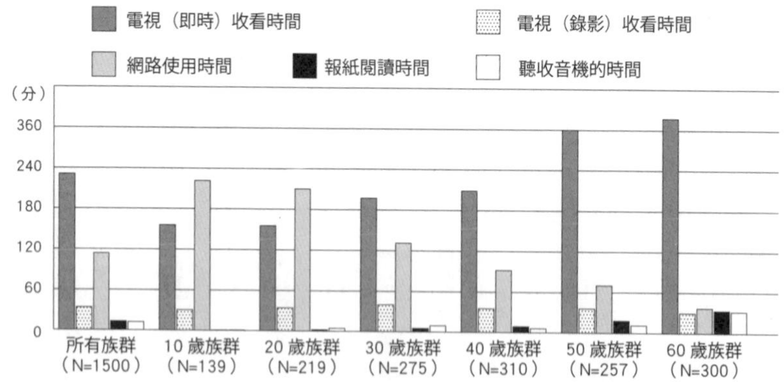

主要媒體的平均閱聽時間（所有族群・依年齡層區分・2015年資料・以假日1天的使用時間計算）（出處：http://www.soumu.go.jp/chousakenkyu/data/research/survey/telecom/2016/02_160825mediariyou_houkokkushu.pdf）

區域，北至核電廠所在的富岡，南至日立都劃進勢力範圍。我想，這應該是因為他們把北茨城的業者也當成客戶吧。但是，該怎麼看待『常磐路』這個區域也很重要，常磐所指的區域，包含日立、茨城，甚至是核電廠所在的雙葉郡，而除了這次的核電廠事故以外，東海村過去也曾發生過輻射事故。『常磐路』的北與南，都是曾經發生核能事故的地方。這樣的地方獨一無二。身在東北，就能深刻感受到外部強行劃出的行政區劃有多麼粗暴。由此讓我感覺到，奪回自己的區域，也是媒體能做的事情。」

由此可知，媒體除了具備攪動地方僵化社群的功能，同時也能創造出全新的區域地圖，就像《谷中・根津・千駄木》發明了「谷根千」這樣的區域整合法。為此需要從全新角度的觀點，聚焦在過去保存下來的地方人際網路與習俗，以及手工業等無形的文化基因。

另外，其實在特定地區擁有客群、握有老地盤的企業也擁有潛力，能夠把媒體當成手段，活用無形的連結，傳播全新的地方形象。

3 市民製作的媒體與地方——真正肩負重任的總是居民個人

①出發點是幫地方媽媽創造工作機會——《右京季刊》（京都市右京區）

關西的雜誌文化

我為了尋找地方媒體而走訪全國，從中隱約看見了類似地域性的特質。咖啡店、市公所、公民館、車站月台……我揚棄先入為主的觀念，養成了總之先拿起來看看的習慣。這些媒體有各式各樣的種類，從發給所有家庭的市民新聞、政府公告、設計莫名講究的移居者手冊，到質感如信紙的手寫活動通知傳單等等。所以我每次回家時，包包總是裝得滿滿的。

在關西，尤其在京都漫步時，更是容易看見各式各樣的地方媒體。或許是因為這裡擁有文化豐富的地方特質，或是因為地方社群興盛，總而言之，京都的地方媒體，不只是單方面基於自己的興趣製作，而是可以好好閱讀，甚至能夠自然挑起話題，跟別人聊起「我說那個最近登在免費刊物上的人啊……」。京都市民給我的印象，就是十分喜愛紙本地方媒體，這裡甚至還有只本屋、風之驛站等蒐集免費刊物的店家。

除此之外，去到書店或便利商店一定會看到的《Meets》或《Leaf》等京阪神商圈雜誌，也擁有許多讀者。住在東京時，真的很少聽到大家討論雜誌報導了哪家店，所以每次去到關西都覺得很新鮮。

不只關西，在地的地方情報誌取代東京發送的生活風格誌、文化誌等，依然在日本各地熱銷。在年輕人加速遠離書本的情況下保留的「雜誌文化」，讓人既懷念又羨慕。

愛不釋手的小書

也有許多值得一讀的地方刊物，不只長期發行，也受到市民喜愛，很難特別只挑出其中一本來說明。這次就從這些刊物當中，挑選京都市內發行的《右京季刊》（右京じかん）這份免費刊物進行介紹。

《右京季刊》原本是孩子上同一所幼稚

媽媽們創辦的免費刊物《右京季刊》

園的媽媽們成立的 NPO 法人「育兒就是培養父母・豐收森林劇場」(子育ては親育て みのりのもり劇場，以下簡稱「豐收森林劇場」) 所創辦的刊物。每年發行四期，截至二〇一八年春天為止，已經發行了二十五期。

這份刊物的主題是「讓在右京生活的人、在右京工作的人、造訪右京的人都愛不釋手的小書」。而刊物本身同樣可以在京都市右京區的許多店家和設施看到，知名度相當高，在右京區的居民之間，幾乎可說是無人不知，無人不曉。

「右京稻草富翁」是特別有名的企劃。稻草富翁是眾所皆知的故事[15]，而這項計畫就是讓右京區的人實際嘗試像稻草富翁一樣以物易物，看看最後會得到什麼樣的結果。這項從巧克力開始的交換，最後似乎換到了一棟老屋，而且還在地板底下找出五萬日圓。現在老屋由有意願改裝的人展開群眾募資，並且在雜誌上介紹改裝的狀況。

媽媽劇團

《右京季刊》由豐收森林劇場發行，負責人是伊豆田千加女士。她是一名活力十足的女性，不僅擔任京都少子化對策綜合戰略會議的委員，還策畫了許多與當地企業合作的企劃，譬如與駛向著名觀光區嵐山的路面電車「嵐電」合作，推出將電車彩繪成巡邏車模樣的「巡邏電車」。從名稱就能看出，這個 NPO 原本始於媽媽們組成的劇團。

伊豆田女士回憶：「位於太秦的一所名為『自然幼稚園』的園長，找來好幾屆畢業生的母親，告訴大家他想在幼稚園成立八十周年時辦個特別的活動。因為我們曾經懷疑過『現在這樣帶孩子真的沒問題嗎？』於是提議『把帶孩子的過程編成喜劇演出，應該會很有趣吧。』雖然基本上是喜劇，但如果能讓觀眾稍微反思『自己真的沒問題嗎』，或許也會改變家長對待孩子的態度吧。」

雖然是在幼稚園演出的戲劇，但卻不是給孩子看的，而是由畢業生的母親，演給在學生的母親看，帶點為家長舉辦的座談會的味道。這齣「在歡笑中學習」的戲劇獲得好評，甚至還熱門到受邀前往自然幼稚園以外的地方演出。後來因為「演出可以獲得酬勞，而且如果總是無償奉獻，夥伴們的熱情也無法持續下去」，於是成立了 NPO 法人。

為媽媽們創造工作機會——工作坊、咖啡店、地方媒體

豐收森林劇場除了演出之外，也舉辦多采多姿的活動，譬如不只孩子，連年長者都出來擺攤

15　**稻草富翁**　日本童話故事，主角拿著稻草踏上旅途，途中遇到的人們有著各種不同需求，主角提供自己手中的物品做交換，結果在以物易物的過程中成為富翁。

的手作市集，或是捕撈放進池子裡的鯉魚，自己生火、殺魚，煮成味噌湯的自然體驗工作坊等等。

在特攝時代劇的著名角色大魔神所坐鎮的大映通商店街上，有著「漩渦電影館」（うずキネマ館），豐收森林劇場的事務所就位於其中。由於右京區的太秦以電影而聞名，因此一樓是展示電影手冊、海報的咖啡店，二樓就是豐收森林劇場的事務所。

其實一樓這間名為「電影廚房」的咖啡店，也是由漩渦電影館經營。在這裡工作的主要都是帶孩子的媽媽。創辦NPO的理事們，有時也會站在櫃台忙碌工作。到了中午左右，店門口就停滿了媽媽的買菜車，店內充滿活力。

豐收森林劇場的事務所位在咖啡店「漩渦電影館」的二樓

「為媽媽們創造持續受雇的機會，原本也是我們 NPO 的理念，所以我們花了一點心思，譬如開發京都家常菜吃到飽這種不需要廚師的菜單，水也必須自己倒。」伊豆田女士說。

創辦《右京季刊》這份傳達資訊的媒體，原本也是為了幫媽媽們創造工作機會。但一路走來並不容易。

「NPO 剛成立的時候，誰都不會用電腦（笑）。於是，我們為了自己先學會使用，在幼稚園裡的寺廟內的榻榻米客廳，舉辦為媽媽們開設的銅板講座。當時只有一位夥伴稍微懂一點電腦，所以就由她擔任講師。上課內容則是『請移動滑鼠』之類的（笑）。我們就這樣把採訪的錄音檔打成了逐字稿……」

伊豆田女士曾在太秦的攝影所從事音響工作，屬於影像製作領域的人，她也曾在大阪以助理導播的身分製作晨間新聞節目，所以知道採訪的訣竅。不足的只有工作人員的技術，所以也像前述那樣，開設講座學習。

現在除了前面介紹的「右京稻草富翁」之外，刊物裡還有其他受歡迎的單元。「中途開始的填字遊戲單元，是從當地一名婆婆開始的企劃。這位婆婆原本的興趣就是製作填字遊戲，她把自己做的填字遊戲拿來發。『妳填填看，好玩喔。』聽她這麼說，我就試著填填看，結果真的很有趣，於是就開始刊登。後來十幾歲到七十幾歲的讀者都開始拿填字遊戲來投稿。問卷也會一起寄回來。」伊豆田女士說道。

對地方媒體而言，讀者參與型的內容是一個指標，可以用來衡量讀者與製作者之間的信賴關係。如果做不好會變得很無聊，但要是成功讓讀者迷上了，也會成為驅動媒體的引擎。這樣的內容，想必很適合像《右京季刊》一樣貼近地方的媒體吧。

就在各種忙碌當中，一通電話打來了。「我們也想製作這樣的刊物。」電話的另一頭說。這是《右京季刊》的「季刊」開始單飛的一刻。最早打電話來的人，就是《山科季刊》的創辦者。後來在京都市內接連創辦了《下京季刊》、《北區季刊》、《西京區季刊》，京都府內創辦了《南丹季刊》、《中丹季刊》、《福知山季刊》、《乙訓季刊》，京都府外創辦了《愛媛・中予季刊》，此外還有限定主題，由京都府更生保護女性聯盟發行的《京更女季刊》。雖然有些廢刊或休刊了，但現在保留下來的七個季刊，也組成了「季刊系列」媒體網。

伊豆田女士解釋：「我們當初創辦這份刊物的理念，就是為地方的人創造工作機會，所以我們會分享自己的方法，但基本上還是由各季刊自行發揮。」

各季刊的版型幾乎相同，商標也都由伊豆田女士親筆繪製。只要造訪京都，目光常會被放置在各處的季刊系列吸引。因為發放的地點，也是他們靠著自己的雙腳，踏實開發出來的。但是，這些季刊報導的地區，在京都也屬於地方中的地方，刊登的廣告也來自當地的企業。它們都是如果不受當地居民喜愛，就無法成立的超在地媒體。發行單位也各不相同，譬如《山科季刊》的發行單位，就是地方型補習班。話雖如此，由於經營相當辛苦，因此剛創辦時也運用了地方政府的補助，但後來就必須自己拉廣告支付印刷費。地方小，讀者少，因此發行份數也有限。

「譬如右京區的人口只有二十萬人左右。我們印了一萬份，數量是百分之五。這一萬份每期都會被拿光光。雖然想多出一點印刷費，印個兩萬份左右，但原本的數量或許剛剛好。」

不過，所有「季刊系列」的發行量加起來就有約十萬份左右。考量到涵蓋京都．滋賀地區的雜誌《Leaf》的發行量是八萬份，就會發現季刊系列雖然是地方媒體，卻擁有龐大的勢力，而且幾乎沒有剩餘，過去的期數幾乎都被拿完了。以全日本為對象發行的雜誌，每個月因為多少的退貨而苦惱呢？這讓我重新思考，如果想要發行媒體，首先必須想像要做給什麼樣的人看，依此將媒體塑造成讀者真正願意讀的模樣，而不是只製作自己感興趣或關注的內容。看得見地方讀者長相的媒體，換言之就獲得了在這個地方發行的必然性。

而製作媒體這件事情本身，不只對地方的讀者有必然性，重要的是對製作者而言也必須是具備必然性的事業。《右京季刊》始於希望為地方媽媽創造工作機會的想法，這就和經營電營廚房咖啡店一樣。在地方創造雇用機會是目的，而媒體則是達成目的的手段。以伊豆田女士為首的活力十足的市民，透過帶著媒體走訪當地，使媒體發揮強大的存在感。媒體有能力讓巧克力變成老屋。看到《右京季刊》為了社區營造，最大限度活用媒體的功能，讓我發現紙本媒體還有許多可能性。

②持續發掘土地的歷史，元祖地方媒體——《谷中・根津・千駄木》（東京都文京區・台東區）

懷著覺悟面對當地不同世代與不同價值觀的人

現在，日本各地的社區營造，都注入了移居、返鄉的年輕活力。這些年輕人加入地域振興協力隊、在地方任職，或是返鄉依靠擁有土地的老家。

介紹地方生活的網路雜誌經常會報導活力十足的團體或是從事看起來很有趣活動的人，於是不管是生活在交通不便的山區，還是在地方從事創意工作，這些「類似領域」的人，都逐漸加深彼此的連結。

這樣的趨勢，相當有助於鬆開只有當地居民的封閉社群。而外部媒體的介紹，也能使外部的眼光轉向地方。

但是，這當中也隱藏了現今地方媒體熱潮容易陷入的問題：雖然在地方上活用外部眼光或是在外部習得的技術都很重要，但過了不久，就會形成擁有相同興趣嗜好的同世代社群。此外，地方媒體原本應該根據地域創造出當地特有的價值觀，但最後卻難免與全國規模的雜誌或網路媒體呈現的「豐富的生活」步調一致，量產「傳播田園生活的時尚免費刊物」或「以市民參與為主題的社群網路雜誌」。

如果是同人誌或小型出版物，是擁有相同興趣或嗜好的人彼此交換資訊的媒體，這樣的媒體可以不受地域束縛，連結居住在不同地區而興趣相投的人。但地方媒體並非如此，地方媒體最好能夠貫徹貼近地方、在地方交換資訊的理念。換句話說，製作地方媒體的人即使排斥，也必須懷著覺悟，面對當地不同價值觀、不同世代的人。

二十五年來的活動靠什麼支撐

森檀、山崎範子、仰木寬美這三名女士，在一九八四年創辦了《地方雜誌　谷中・根津・千駄木》。這份雜誌雖然在二〇〇九年畫下了休止符，但在二十五年的歲月當中，為地方社會帶來的影響難以估量。她們從生活圈的觀點，將行政上分屬文京區與台東區的三個地區（谷中、根津、千駄木）劃為一個區域，並在後來稱之為「谷根千」，而實際上這三個字也成為地方的代名詞。如果排除《谷中・根津・千駄木》，就無法討論地方媒體。

地方媒體名符其實具有高度的地方價值，甚至會影響新地圖的繪製。如果追求的是短期內的衝擊，與其製作媒體，還不如發展能夠更直接影響經濟效果的事業。但如果想要發行對地方擁有必然性的媒體，就不能只做一、兩年就結束。

「橫向串聯」起想為地方帶來元氣、想讓地方生活更豐富的夥伴固然重要，但除此之外，仔細梳理地方留下的歷史、民俗、手工藝等文化，也同樣不容忽視。這種「縱向的調查」，無法立即改變眼前現況，但如果想要勉強編造出觀光資源，增加觀光客的人數則另當別論。無論如何，為了還要在這塊土地上生活十年、三十年、五十年的人，縱向調查也是必要的行動。《地

從1984年開始，發行了25年的《谷中．根津．千駄木》

方雜誌　谷中・根津・千駄木》的其中一人，作家森檀女士是這麼說的：「舉例來說，想要保存建築物或重新翻修不動產時，雖然不到在周圍進行地域研究的程度，但調查這塊土地的歷史還是很重要的。古老的事物不代表過時喔。譬如描寫百年前事物的文章，過了三十年後想必還能保留下來，但如果調查現在的在地美食店家，三十年後或許就不復存在。正因為新，所以更快腐朽。因此我覺得，年輕人學習更多的歷史，反而更容易成長啊。」

《谷中・根津・千駄木》為了記錄延續好幾代的澡堂或小型工廠等逐漸消逝的地方風景，仔細累積出市井小民的口述歷史。在經過採訪過程所寫下的報導中，可以反覆看見關東大地震、戰爭與江戶時代的歷史事件。森女士他們除了將這些難以留下記錄、逐漸消逝的人們的記憶保存下來，同時也調查與當地有關的文人及歷史建築的由來，並寫下調查結果。正可說是從縱橫兩個方向，挖掘此地的文化價值。這個立場，從為了當地祭典「菊祭」而發行的《谷中・根津・千駄木》創刊號以來，一直都沒有改變。

「不能把鎮上的老人當成客體看待，因為把自己未來想做的事情，與老人家背後的歷史連結相當重要。而且我們寫的是自己生活的區域，所以必須與當地人和睦相處才行。但我們是報導者，所以也不需要與對方太過親密。就算面對的是政府或地方大老，我們的發言也不會動搖，能夠把話說清楚。我想這是我們必須堅持的立場。」

《谷中・根津・千駄木》雖然是三位在當地生活的市民所創辦的雜誌，但森女士與山崎女士，都是原本曾在出版社工作的專業人士。而且當時無論是製版還是送印，都比現在困難。現在的出版工作，因為桌面排版工具（DTP）普及而更能讓一般人接觸掌握，但當時與現在完全不同。她們在不利的環境當中，無論是採訪、撰稿，還是開拓通路、配送，全都親力親為，就這樣幾乎不眠不休地持續二十五年。過去不像現在輕輕鬆鬆就能製作媒體，我想如果不是真正有熱情、有技術，無法從事這樣的工作。

每期的配送，都由森女士、山崎女士、仰木女士各自負責一百個地方（令人驚訝！）。有些願意擺出這份刊物的店家，甚至還設置了仰木女士手工製作的報架。她們製作雜誌，親自配送，而且宗旨不是發送到全國，而是送到當地人手上。儘管如此，每期還是販賣了相當多數量。「我兒子說『媽媽很了不起，每次都走路去送這麼多雜誌。但是養樂多阿姨更了不起喔，因為她們每天都要送養樂多。』（笑）這麼一說，就會覺得好像是這樣沒錯，但最多的時候，賣了大約一萬六千份呢。」森女士笑言。

現在還會想要再做一次雜誌嗎？面對這個的問題，森女士是這麼回答的：「當初可是把孩子哄睡之後，連夜製作的呢。雖然辛苦，但真的很開心。山崎也說『再叫我做一次我也不要，但我不會後悔擁有那段時光。』我也是這麼想。除此之外，我也很想看看，這個地方的新世代，如何繼承我們灑下的種子。」

二〇一七年底，在當地結合展示空間的咖啡店「HAGISO」（參考本書二〇頁），舉辦了《谷中・根津・千駄木》特展，環繞著催生《谷中・根津・千駄木》的「菊祭」的策畫人野池幸三先生與市民團體，回顧這本雜誌的軌跡。

雖然雜誌停刊至今已經將近十年，但現在「谷根千網」依然售有已刊行的雜誌，並整理成檔案。而最重要的是，扛起這個地方的新世代，如何繼承前輩們的努力，將這個地方更新。

《谷中・根津・千駄木》留下了許多事物，值得一提的是，這份雜誌告訴了我們，在多樣的世代、不同社群摩肩接踵的地區內，彼此交換各種資訊的過程有多麼豐富。

「最開心的是，可以遇見許多成長背景、思考方式都不一樣的人。工匠、店老闆、老人家、上班族、學者、藝術家、主婦、學生、小朋友……各式各樣的人共同居住在這個地方。與任何人都意氣相投是不可能的，但大家翻開《谷根千》，一點一點地產生共鳴，彼此互相理解，就是無可比擬的喜悅。」

接收者與製作者之間不斷交換資訊的「媒體」，與單方面傳遞資訊的大眾媒體不同。在現今的時代，也不一定需要採取紙本或網路的形式。像HAGISO或TAYORI這樣的空間，也是一種媒體。出版與媒體或許在時代的洪流中遭到淘汰，所處的狀況逐漸改變，《谷中・根津・千駄木》

這份媒體做為連結地方的人與人、歷史與現在的乘載物，我想其基因在日後也會成為提高在地價值的參考方法，以另外一種形式流傳下去。

③離開城市中心，發掘城市外緣的實驗——京都循環工作坊（京都市）

重新檢討城市階級的實驗

二〇一七年，京都市文化振興財團以旗下經營的劇場「京都會館」為據點，與同樣由該財團經營的幾個文化會館合作，舉辦開放一般民眾參加，為期一年的地方媒體製作工作坊「一八〇度翻轉城市印象的地方媒體製作～CIRCULATION KYOTO（京都循環工作坊）」。這個工作坊由我擔任計畫總監，並從東京邀請藝術總監加藤賢策、編輯上條桂子、以及本身住在京都的計畫夥伴研究員榊原充大。我們透過總共五次的講座，帶領公開招募選出的參加者，構思市民參與型媒體，並在二〇一八年三月開始製作媒體並發表。

這項計畫有兩個特色。第一，劇場原本應該是製作並演出藝術作品的空間，我們卻以劇場做為據點兼主體，組織以製作媒體為目的，而非以製作作品為目的的計畫。第二，京都會館合作的五座市內文化會館，都不位在京都中心（稱為洛中），而是座落於稍微外側的位置。

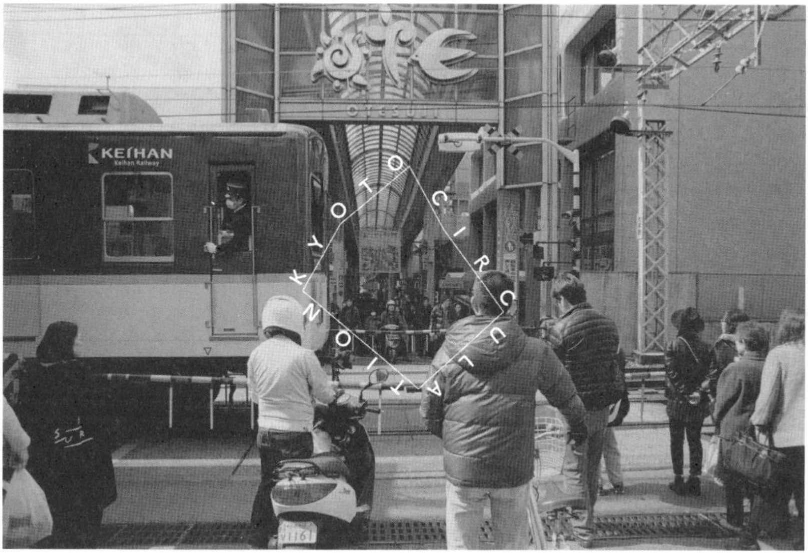

「CIRCULATION KYOTO」的標誌（攝影：成田舞　標誌設計：加藤賢策）

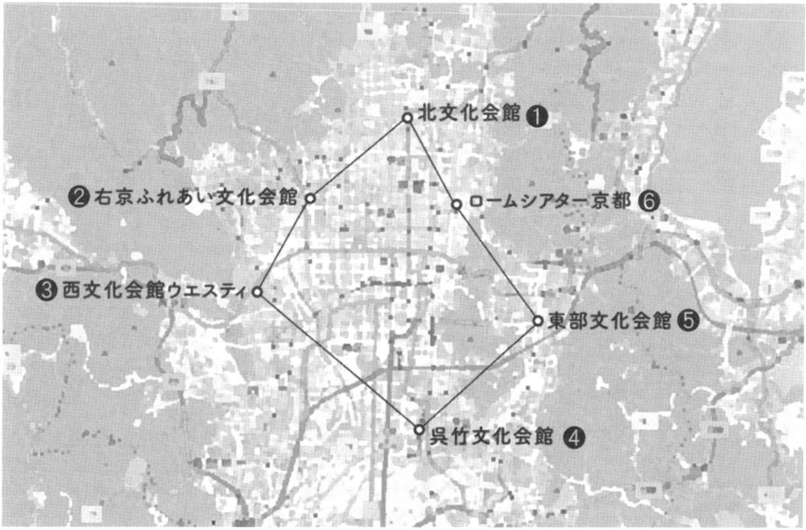

京都循環工作坊的對象區域

❶北文化會館
❷右京交流文化會館
❸西文化會館
❹吳竹文化會館
❺東部文化會館
❻京都會館

這項計畫的意圖如其名稱所示——在促進京都市「外緣」循環（CIRCULATION）的同時，也發掘地方共通的課題與前所未有的京都印象。在二〇一六年冬天到二〇一七年春天之間，我們這些計畫成員多次造訪文化會館所在的五個區域（山科區、伏見區、西京區、北區、右京區），拜訪周邊的居民、從事社區營造的NPO、企業、金融機構等的負責人，請教這些區域的特色與課題。我們將從中獲得的見識與人脈交給參加者，發表五項前所未有的京都地方媒體。

❖ 京都的邊界地區——洛外在歷史上的角色

洛中與洛外——京都這塊土地相當獨特，因為距離中心遠近而產生階級之分。洛外雖然屬於京都市內，卻位在舊城牆遺址「御土居」的外側。由於我們以分別座落於洛外的右京區、伏見區、山科區、西京區、北區這五個地區的文化會館為據點展開活動，所以對於即使位在洛外但仍屬於市內的京都各地區，必須構思出具有必然性的媒體。然而，譬如以酒鄉與伏見稻荷大社而聞名的伏見區，以及一山之隔的山科區等，我們面對的各個區域在文化與環境上都差異甚大。

事實上，這樣的限制會帶來驅動計畫的動能。從知名的「五山送火祭典」就能知道，京都就位在群山環繞的盆地裡。西邊的愛宕山與東邊的比叡山，這兩座擁有許多虔誠信眾的聖山守護著京都，因此京都的風景，與關東平原一望無際的蒼茫截然不同。奈良文化資產研究所的惠谷浩子女士是我們請教的對象之一，她告訴我們，隸屬於京都市內但位於洛外的地區，特色是「負責將周圍群山採集的一級產品『加工』，再送到中心地區」。

「具體來說，譬如有些地區負責使用山區的白山竹製作祇園祭的除厄粽。相對地，中心地區的文化，也沿著與各加工生產物相反的路徑向外傳播。」惠谷女士向我們解釋。此外，因為京都離海遙遠，所以誕生了精緻的鱧壽司與鯖壽司[16]、醃漬酸莖與油菜花等飲食文化……居住在這些地區的人，就位在物產的流通路徑的中繼點，他們是否將洛中的文化，由洛外傳播到日本

16　與一般常見到的壽司不同，京都著名的這兩種壽司不使用鮮魚，而是用醃漬魚類製成。

洛外地區之一，西京區的洛西新市鎮（攝影：成田舞）

各地呢？

就某種意義而言，位於京都內外「邊界」的地區，是建立京都文化的「濾心」。如果能夠從這樣的角度來檢視京都的中心，或許就能看見扮演邊界角色的地區所擁有的共通點，譬如使用加工木材邊角製成的建材，或是只存在於當地，使用多餘食材製成的類似「員工餐」的料理。

京都市區巴士二〇六號以京都車站為起點，繞中心地區一圈。哲學家鷲田清一在以走訪二〇六路徑周邊為主題的散文集《京都の平熱：哲學家眼中的京都小日子》[17]中提到，京都就夾在「溫柔包覆城市的鄉野」與坪庭[18]這類「融入町家的鄉野」這雙重的鄉野之間。京都就在郊外的田園性與市區的都

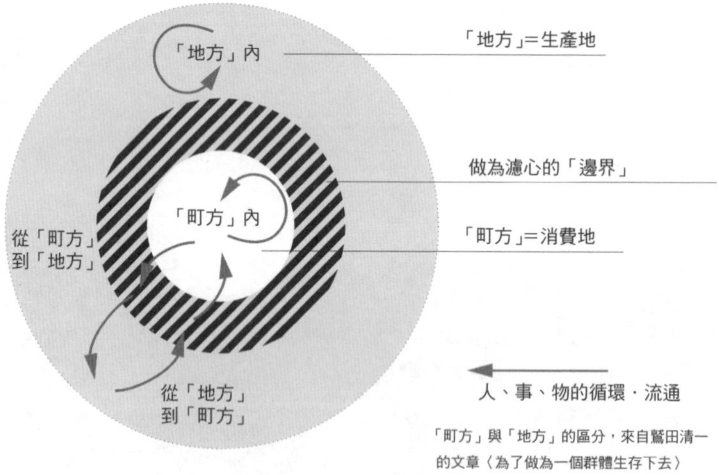

京都循環工作坊的圖表（©Hiroko Edani, Mitsuhiro Sakakibara）

會性之間擺盪，於是建立的都市性格就混合了這兩種特質，因此我想他說中了京都的都市性格的一部分。

作家井上章一在《討厭京都：古都背後，不可一世的優雅與驕傲》[19]中吐露了在洛外出生成長的人對洛中居民所抱持的複雜情感，他也寫下：「因為東京媒體吹捧洛中的人，他們才會變得不可一世。」老實說，從東京來到京都的人，不懂這種微妙的感覺。倒不如說，關東出身的人最嚮往的地方是京都，而且因為被廣告、雜誌的特輯洗腦，行為往往就是徹頭徹尾的亢奮觀光客。

但我發現，觀光客想像中的京都，真的只有很小的範圍。只要搭十分鐘的電車，往西就能橫越桂川，往東就能抵達山科。但如果不是往來郊外校區通勤的學生，也沒有機會頻繁造訪這些地區吧。

實際上，這些地方的風景很不一樣，特別耐人尋味的是在高度經濟成長期打造的洛西新市鎮與鶉鶉石田社區等巨大的社區聚落。當然，這些地方也和首都圈一樣，有著高齡化造成的空屋、治安、老舊化等問題。這次計畫的目標，就是從稍微更廣的範圍來看京都的形象，並透過「地方

17　中文版由麥田出版於二〇一六年出版。
18　**坪庭**　建築物圍起來的小塊庭園。
19　中文版由三采出版社於二〇一六年出版。

媒體」，把觀光客，或者甚至連住在京都中心地區的人都不知道的京都形象突顯出來。

從想法、創辦到自行運作

這樣的工作坊，經常在發表想法之後就結束了。所以京都循環工作坊的最終目的，就是能夠自己創辦媒體，並自行運作。話雖如此，在沒有任何線索的狀態下很難開始。所以我們事前提供可以當成「參考線」的觀點、整理計畫成員的名單，並透過網頁公布給參加者，之後則使用第一章也介紹過的卡片進行工作坊的活動。

各小組參加了工作坊與講座之後，在忙碌的工作與課業當中各自抽空聚會，對當地人進行訪問，並一次又一次討論。五個地區實際上也創辦了五個媒體。譬如右京區誕生了「和歌小鎮右京」（うたのまちうきょう）計畫，他們以發源於小倉山的百人一首歌牌[20]當成地方主題，上句由位於右京區的企業等機構發表，並以此為「題目」，向右京區民募集與之應和的下句，促進短歌會等社團的交流。

類似參考線的觀點（部分）

物流・流通	通勤通學、慢跑地圖／計程車司機眼中的京都／購物中心的物流／公共交通……
資訊流	京都腔／都市傳說・傳聞／塗鴉、落首（註：豎立公開諷刺時事的告示牌）文化／夾報廣告
歷史性、地域性	空襲／供奉地藏菩薩／番組小學（註：日本最早的學區制小學）／社區／電影／製造業……

北區有許多用卡車載著蔬菜販賣的「叫賣農家」，於是他們根據前來買菜的老人鄰居社群得到靈感，想出了「叫賣回憶」（振り継ぎ）計畫。他們向住在北區的老人募集充滿回憶的物品與故事，轉寄給北區的年輕人。再請年輕人假設寄送者是未來的自己，寫下給自己的感謝信，由北區小組轉交物品的主人。

至於伏見則位於連結大阪與京都的水路，曾是三十石船忙碌往來，匯集人、文化與貨物的繁榮港口。但因為鐵路網發達，水路逐漸失去作用，現在往來的只有觀光用的十石船。伏見小組為了在現代重現伏見的熱鬧，以及眾多社群交流在「港口」的景象，想出了把貨運三輪車打造成船型的「伏見加蓋」（伏見マール）計畫。三輪車的載貨空間蓋上蓋子就能化身為桌子，或許可以在各個停泊之處就地站著把酒言歡吧。

擴大媒體的定義

這些計畫到底算不算是媒體呢？大家或許會有這樣的疑問。但就如同本書所表達的，地方媒體是工具而不是目的。把製作設計感十足的免費刊物或網路雜誌當成目的，無法獲得在地區的必

20　**歌牌**　過去的宮廷遊戲。一般由詠唱者朗誦和歌上句，玩家聽到上句後搶奪應和的下句紙牌。

卡片工作坊的景象。參加者包括學生與社會人士

西京區小組簡報時的景象

然性。京都已經有很多類似《右京季刊》的紙本地方媒體，不需要特意與之競爭。我希望這個工作坊，能夠以「連結不同社群」為關鍵字，想出嶄新的媒體形式。

此外，如果只靠政府資金與自己的熱情，也無法長久經營。因此，我在京都循環工作坊中也要求參加者必須注意第一章介紹的四個重點：發想的嶄新性、地域的必然性、經營的持續性，與資金的調度方法。

根據麥克魯漢的理論，媒體是人類加工的「技術」。媒體也是一種透過情報，鬆動舊有關係，連結新社群的「手段」。這麼一想，就不需要拘泥於紙本或網路的形式。京都循環工作坊發表的這五項地方媒體，就這層意義而言，稱得上是不折不扣的媒體。

此外，職業、背景、居住地、年齡層都各不相同的參加者組成團隊，不僅平日做到很晚，就連假日也不斷嘗試創造獨特的媒體。這五個小組本身，正是「分屬於不同社群的人」。比起完成的媒體品質，創造過程更是重要。希望這五個小小的團隊所產生的人與人的連結，在五年後、十年後，甚至永永遠遠，都在這個地方流傳下去。創造出結合了不同背景參與者的社群，並在工作坊結束之後，也讓社群留存，肩負起社區營造的責任，才是這個計畫的目的。

連結不同社群的手段

如何培養出媒體，使它成為資訊傳達媒介，我現在很重視如何把培養的方法轉移到其他媒體上。現今的出版物已經不像過去那麼好賣。網路發達，製作網站的費用愈來愈低廉，透過網路傳達訊息也輕鬆容易，甚至變成過度競爭。在這種情況下，透過將廣義的媒體，也就是做為「連結不同社群的手段」的媒體套用在地方，就能讓當地的居民自己傳播家鄉的價值，而不是在短暫的熱潮過後就結束，或是滿足於一時的經濟利益。

為此首先必須從建立社群開始。傳播價值的社群不能是一碰即碎的脆弱關係，而是即使不樂意，也能徹底討論出結果的命運共同體，類似宮本常一描寫的「集會」。而這樣的社群，將成為把市民代代相傳的無形地方價值——相對於生物學上的基因（gene），稱為文化上的基因（meme）——傳承．發展下去的主體。

當然，像「谷根千」地區這樣，在有了知名度之後，地價上漲、觀光客回流，或許不一定是好事。但《谷中．根津．千駄木》的活動，想必確實守護了許多歷史建築或自然等等在東京一天天被取代掉的風景。從參與的人當中，誕生了許多市民團體，這些團體今後也將持續活動下去。

「讓我們活化地方吧」、「我們一起守護商店街吧」這些刺耳的漂亮話，到底出自誰的口中呢？霹靂舍的小松先生說：「地方需要文化的自我決定能力。」決定地方價值的，必須是住在地方的人。地方價值不是外部強加的事物，也不是在無意識當中，將東京等大都市傳達的價值觀內化，成為這些價值觀的從屬。但為了發掘連在地人往往都沒發現的地方魅力，可以策略性地引進外部觀點。將內與外混合，鬆動僵化的社群，創造大家重新考慮地方價值的「乘載物」，以及肩負這個任務的小社群。這就是從古至今都沒有改變的，地方媒體所追求的最重要功能。

結語

《進擊的日本地方刊物》出版之後，我再次與日本全國有志製作地方媒體、或已經投入地方媒體的人交流，逐漸發現他們抱持著許許多多待解決的課題，想要知道各式各樣的資訊。譬如已經在地方生根的報社、電視台、地方情報誌等的出版社雖然已經是媒體企業，依然想要獲得不同於過去的收入來源，考慮重新建立與讀者之間的新關係，而不只是原本單一方向的關係。政府與NPO雖然模模糊糊理解媒體可以對社區營造帶來幫助，卻煩惱著該採取什麼樣的「形式」才能解決地方課題、該雇用擁有什麼技術的人力才行。個人則為了表現自我，或是結交夥伴而想製作媒體。因此我在第二章，向各地實際從事媒體製作的參與者邀稿，根據各個課題，提出實質的方法。

另一方面，如果更深入思考地方媒體，進行案例研究，就會發現地方媒體逐漸擺脫過去大眾媒體單方向傳遞資訊的特質。當「媒體」的作用擴張，媒體能做的事情就變得更多。為了讓讀者了解沒有規則的地方媒體所展現的全新價值，第三章再次採訪最近注意到的各地媒體製作者，考察媒體醞釀社群與文化的功能。

我希望讀者在學習第二章介紹的實踐技巧時，也能再一次思考第三章介紹的媒體功能。希望想在各地創辦地方媒體的人，不要只看到眼前的利益或話題性，而是要攪動社群，肩負起創造地方文化的責任，以各自的方式，學習使用媒體的方法。

感謝繼上一本書《進擊的日本地方刊物》後，繼續負責本書編輯的學藝出版社井口夏實女士。因為她希望無論從實踐面還是案例面，都能清楚說明「媒體有助於社區營造」的立論，而使本書的製作過程變得非常有意義。

此外，對於在第二章的編輯術實踐篇，以自己的經驗，帶出個別的具體方法的作者幅允孝先生、多田智美女士、原田祐馬先生、原田一博先生、成田希女士、小松理虔先生、山崎亮先生，我也想致上感謝之意。

希望本書能夠成為各地有志製作媒體的人，在各個地方創造獨特媒體時的指引。而我自己身為一名編輯，也希望持續在各地摸索新的媒體形式。

二〇一八年四月　影山裕樹

作者簡介

＜編著＞

影山裕樹

1982年出生於東京。編輯、企劃總監、千十一編輯室負責人。從早稻田大學第二文學部畢業後，先後在雜誌編輯部、出版社工作，而後獨立創業。目前的工作除了策劃・編輯藝術與文化書籍、為雜誌與網路媒體撰稿之外，也從事展覽與活動的企劃、指導等廣泛的活動。2018年創立合同會社千十一。著作包括《進擊的日本地方刊物》《大人打造的秘密基地》（大人が作る秘密基地），合編著作則有《遊戲之神 橫井軍平的話》（ゲームの神様　横井軍平のことば）、《十和田、奧入瀨 水與土地之旅》（十和田、奥入瀬　水と土地をめぐる旅）等等。近年的主要工作包括「十和田奧入瀨藝術祭」（2013）編輯總監、「CIRCULATION KYOTO」企劃總監、網路雜誌「EDIT LOCAL」（2017～）企劃製作等等。現任青山學院女子短期大學約聘講師。

＜作者＞※依撰稿順序

幅允孝

BACH有限公司負責人、書籍總監。為了創造讀者拿起未知書本的機會，結合書店與異業種的賣場與圖書館。活動範圍和書籍分布的據點一樣廣泛，同時也從事編輯與撰稿。著作包括《書什麼的，不拿來讀也無所謂啊》（本なんて読まなくたっていいのだけれど、）等等。早稻田大學、愛知縣立藝術大學約聘講師。

多田智美

1980年出生。編輯、株式會社MUESUM負責人，以大阪為據點展開活動。把「從事件的誕生到記錄」當成主題，參與藝術、設計、社會福利、地域等各個領域的計畫，並從事書籍、小報、網路、展覽等活動的企劃與編輯。DESIGNEAST共同總監、京都造型藝術大學約聘講師（2008～）、XSCHOOL（福井市）專案總監（2016～）、常滑燒DESIGN SCHOOL（常滑市）講師（2017～）等。合著書籍《從小豆島看見打造日本未來的方法》（小豆島にみる日本の未 のつくり方）。

原田祐馬

1979年在大阪出生。UMA／design farm負責人。以大阪為據點，從事以文化、社福、地域相關計畫為主的活動。企圖透過空間、展覽、企劃開發等，展開創造出看得見理念的全新體驗。重視「一起思考、一起創作」，實踐反覆對話與實驗的設計。優良設計獎審查委員、京都造型藝術大學空間呈現設計學科客座教授。愛犬的名字是「海帶芽」。

原田一博

1981年出生。大阪府枚方市人，現居枚方市。《枚方通信》編輯部、株式會社morondo負責人。從學生時代就開始投資股票，以個人投資者的身分生活。2008年成立股份有限公司morondo，2010年開始與本田一馬共同經營《枚方通信》。2015年擔任枚方市綜合計畫審議會委員。《枚方通信》是專門在大阪府枚方市經營的地方媒體，不僅網站每月約有300萬點閱，也經營共同工作空間與市集。

成田希

1984年在青森市出生。《濱太郎》總編輯、橫濱的雙人出版社「星羊舍」總編輯兼插畫家。升上大學之後搬到橫濱居住。研究所畢業後，曾從事出版與自由撰稿人的工作，不久之後與星山健太郎一起在伊勢佐木町成立星羊舍。2013年創辦橫濱的地方雜誌《濱太郎》。出版的書籍包括採訪橫濱市民酒館組合旗下店家的《橫濱市民酒館巡禮》（横浜市民酒場グルリと），以及編纂青森歷史及酒館文化的《古錐太郎》（めご太郎）。

小松理虔

1979年福島縣磐城市出生。自由作家、霹靂舍負責人。曾任報導記者、雜誌編輯、魚板製造商宣傳，後來在2015年獨立創業。邊發展地方生產者與中小企業的資訊傳播支援事業，邊掌管另類空間UDOK.。從事紮根地方的企劃與資訊傳播。合著書籍包括《常磐線中心主義》（日文原書名同）等。

山崎亮

1973年出生於愛知縣。社區設計師、studio-L負責人。大阪府立大學研究所與東京大學研究所畢業，工學博士、社會福利士。曾在建築、景觀設計事務所工作，2005年成立studio-L。為協助地方居民解決地方課題而從事社區設計，舉辦社區營造工作坊、居民參與型綜合計畫、市民參與型公園管理等許多相關企劃。著作包括《社區設計》、《社區設計的時代》、《打造所有人的理想歸宿》等。

國家圖書館出版品預行編目(CIP)資料

重新編集地方 / 影山裕樹編著 ; 林詠純譯. -- 初版. -- 臺北市 : 行人文化實驗室, 2019.10
256 面；14.8x21公分
譯自：ローカルメディアの仕事術 : 人と地域をつなぐ8つのメソッド
ISBN 978-986-97823-5-7 (平裝)
1.大眾傳播 2.日本
541.83 108017170

重新編集地方

ローカルメディアの仕事術:人と地域をつなぐ8つのメソッド

編　　著：影山裕樹
著　　者：幅允孝、多田智美、原田祐馬、原田一博、
成田希、小松理虔、山崎亮
譯　　者：林詠純
總 編 輯：周易正
責任編輯：毛志翔
特約文編：楊琇茹
封面設計：黃子欽
內頁排版：葳豐企業
行銷企劃：郭怡琳、華郁芳
印　　刷：崎威彩藝有限公司

定　　價：360元
I S B N：978-986-97823-5-7
2019年10月 初版一刷

出版者：行人文化實驗室（行人股份有限公司）
發行人：廖美立
地　址：10074 台北市中正區南昌路一段49號2樓
電　話：+886-2- 37652655
傳　真：+886-2- 37652660
網　址：http://flaneur.tw

總經銷：大和書報圖書股份有限公司
電　話：+886-2-8990-2588

Rokaru Medeia No Shigotojutsu : Hito To Chiki Wo Tsunagu 8 No Mesoddo